Andrés de Claramonte

Famosa comedia de santa Teodora

Barcelona **2024**
Linkgua-ediciones.com

Créditos

Título original: Famosa comedia de santa Teodora.

© 2024, Red ediciones S.L.

e-mail: info@linkgua.com

Diseño de cubierta: Michel Mallard

ISBN tapa dura: 978-84-9897-416-4.
ISBN rústica: 978-84-96428-65-2.
ISBN ebook: 978-84-9953-145-8.

Sumario

Brevísima presentación

La vida

Andrés de Claramonte (1580-1626). España.

Se sabe muy poco de su vida. Nació en su Murcia y algunos estudiosos le atribuyen la autoría de La estrella de Sevilla. Trabajó en teatros de dicha ciudad y escribió varias obras notables por su acción y sentido épico.

La leyenda original de santa Teodora

Teodora era una mujer casada que vivía en Egipto. Un joven enamorado de ella recurrió a una hechicera que con pócimas y palabras sedujo a Teodora.

Tras el incidente la santa tomó ropas de hombre, entró en un monasterio y haciéndose llamar Teodoro admiró a todos con su devoción.

Poco después una ventera del lugar la acusó de ser el padre del hijo que había tenido con un viajero. Y, sorprendentemente, Teodora aceptó la paternidad del niño, abandonó expulsada el convento, y cuidó de la criatura como si de su hijo se tratase.

Pasados unos años, suplicó de nuevo la entrada en el monasterio donde fue admitida con la condición de no abandonar nunca su celda. Solo tras su muerte se descubrió que era una mujer.

Se cuenta que el niño que Teodora cuidó llegó con el tiempo a ser abad del monasterio.

Personajes

Alcina
Anfriso, pastor
Clarindo
El Sol y la Luna
Fidelfo
Gerardo, pastor
Hemo
Lesbia
Lipsio
Mandio
Músicos
Natalio
Nuestra Señora
Salucio
Teodora
Un Abad
Un Ángel
Un Monje
Zurdo, gracioso

Jornada primera

(Salen los Músicos y Lesbia.)

Músicos
                    Tu honesto tálamo envidien,
casadilla venturosa,
las tórtolas en los nidos
y en sus lechos las palomas.
Eternidades te enlacen   5
en los brazos que te adoran,
estimada como ajena
gran ventura en mujer propia.

Músico
                    Esto Clarindo cantaba
a Natalio y a Teodora,   10
que elogios dulces merecen
almas que así se conforman.

Lesbia
                    Donosos disparates y locuras;
no cantéis más.

Músico
                              La paz de los casados
te he referido aquí.

Lesbia
                                ¿Paz aseguras   15
en amor, que arde en celos y en cuidados?
Átomos de oro al Sol contar procuras,
aljófares al alba derramados
arena al mar, estrellas a los cielos,
que es lo mismo cantar amor sin celos.   20

Músico
                    Eso es querer negar la simpatía
y recíproca unión de las esencias,
pues todo en puro amor se engendra y cría,

que éstas son sus divinas excelencias.
La celeste y bellísima armonía   25
que ve el tiempo mover de inteligencia,
espíritu es de amor, que si él faltara,
su eterno movimiento se acabara.
En tal conformidad, amor encierra
los disconformes elementos.

Lesbia   Calla,   30
que amor todo es envidia, todo es guerra,
que sus efectos son viva batalla.

Músico   Si estos monstruos amor tal vez destierra
en Natalio y Teodora, así se halla
agora en dulce paz.

Lesbia   Es imposible.   35

Músico   Terrible estás.

Lesbia   Y tú, necio insufrible,
salte afuera; ¡qué loco e ignorante!
(Vase el Músico.)   Y vosotros también, ¿qué es esto, cielos,
que de éstos en amor tal paz se cante
cuando llorando estoy de envidia y celos?   40
¡Oh Natalio cruel, oh ingrato amante,
oh bárbara ocasión de mis desvelos,
tu paz perturbe amor, tu envidia crezca,
y Teodora te agravie y te aborrezca!
¡Que bien casados vivan, y que viva   45
muriendo yo de verlos bien casados!
Mi loco amor sus celos aperciba,
demonios de su infierno desatados
ya mi venganza en su inquietud estriba.

10

¡Despierten los que viven descuidados!   50

(Sale un Criado.)

Criado   Natalio viene a verte.

Lesbia   Amor lo ordena.
                         Entre el fiero instrumento de mi pena.

(Sale Natalio.)

Natalio   Parecerá extrañeza, Lesbia hermosa,
                         esta visita mía.

Lesbia   Y tan extraña,
                         que pudiera, Natalio, estar quejosa   55
                         de ti, puesto que amor me desengaña.

Natalio   El puro rosicler, virgínea rosa
                         que en arrobada púrpura se baña,
                         no sale tan gentil.

Lesbia   Esos favores
                         guarda a tu Sol, que es vida de las flores.   60
                         ¿Vienes deprisa?

Natalio   Nunca un buen casado,
                         dame, Lesbia, licencia que lo diga,
                         despacio puede estar, si enamorado
                         tiene cielo a quien ver, y alma a quien siga.

Lesbia   Bien parece en amor siempre el cuidado.   65

Natalio   Mi dulce prenda, Lesbia, a esto me obliga.

11

Lesbia	Dícenme que es un ángel tu Teodora.
Natalio	Es, despúes de tu Sol, purpúrea aurora. ¿No has visto, entre doseles de oro y grana atropellando sombras vergonzosas 70 la lámpara del cielo soberana, en dos labios de lirios y de rosas cuando va dando vida a la mañana, quitando confusiones tenebrosas? Pues así a mi Teodora considera. 75
Lesbia	Agraviaras mi amor si así no fuera.
Natalio	De proporción gentil, haz Lesbia mía, una forma bellísima en tu idea, juzgando en mucho amor sobre su día toda beldad y toda imagen fea. 80 Su rostro es en dulcísima armonía un milagro de amor, en quien se vea que tan divino y singular concepto ser pudo solo de esta causa efecto. Término es de cristal a dos estrellas 85 la conforme nariz, que luces parte dando rayos de pórfido, aunque en ellas pestañas dice amor que me reparte. Lágrimas son de luz en copias bellas las que en su boca, emulación del arte, 90 fingen sartas de perlas transparentes y ella me dice, Lesbia, que son dientes. Cuando sin compostura y con decoro, suelta en sierpes y en ondas el cabello, cisne parece, que en estanque de oro 95 anega el alabastro terso y bello,

y yo, como la miro y la enamoro,
al enlazarme de su hermoso cuello
teniéndola por Sol, Faetón segundo
rayos aparta con que abrasa el mundo.   100
Es airosa, gentil, grave y dispuesta,
amorosa, discreta y recatada,
cuerda, apacible, sobre todo honesta;
alta excelencia en la mujer casada.
En corta copia mi Teodora es ésta,   105
con pinceles del alma retratada,
mujer, si no a elección del cielo justo,
cortada a la medida de mi gusto.

Lesbia   Quien le tuvo tan bueno razón era
              que en tan dichosa prenda se empleara,   110
              ya que el cielo no quiso que yo fuera
              la que en su nombre de tu amor gozara.

Natalio   Adiós. ¿Qué la diré?

Lesbia   Natalio, espera,
              que la iré a ver, por solo ver su cara.

Natalio   Pues viéndola, dirás que no hay marido   115
              más bien ganado ni más bien perdido.

(Vase.)

Lesbia   Diré que no hay amante más ingrato,
              ni más cruel marido, ah fieros celos,
              en tanto agravio de vengarme trato,
              dadme vuestros rigores y desvelos.   120
              Turbar quiero su paz, si amor es trato
              y no dulce armonía de los cielos;

que en los casados, confusión y guerra
es el mayor castigo de la tierra.
Yo haré que mueras, bárbaro Natalio,   125
celoso de Teodora, y ella sea
otra lasciva diosa del Cidalio,
otra Ródope vil, otra Medea,
amor será en los dos monstruo Tesalio
que yerbas busque, y que conjuros vea   130
campo será tu lecho de desvelos
porque sepas, cruel, lo que son celos.

(Salen Fidelfo y Zurdo, gracioso.)

Zurdo   Ya tiene Alcina el papel.

Fidelfo   ¿Qué importa, si los remedios
                       son en Teodora imposibles?   135

Zurdo   ¿Qué imposibles no vencieron
                       amor y necesidad,
                       ayudados del ingenio?
                       ¿No es imposible mayor
                       hacer de un necio un discreto?   140
                       Pues ya se ha visto, con ser
                       cosa imposible en un necio.
                       Y más, cuando es mal nacido,
                       poderoso y con dinero,
                       que suelta las necedades   145
                       armadas de atrevimiento.
                       Jerjes un monte allanó
                       en una tarde, Pompeyo
                       hizo al inundante Nilo
                       torcer su camino eterno.   150
                       Tifis leyes puso al mar

inexorable y soberbio.

Fidelfo   Comparados con Teodora
             no son imposibles esos.

Zurdo   ¿No es Teodora una mujer?   155

Fidelfo   No, que es un ángel.

Zurdo   Cayendo
             será demonio también.

Fidelfo   Ya los demonios cayeron,
             y ella es ángel que está en gloria,
             porque cuando considero   160
             a Teodora bien casada
             y honesta con tanto extremo,
             si en ausencia la enamoro,
             en presencia la respeto;
             que en una mujer honrada   165
             es el honor limpio espejo,
             y viéndose amor en él,
             como se juzga tan feo
             enmudece y tiembla, y yo
             por esa causa enmudezco   170
             y tiemblo también, turbado,
             cuando en su rostro me veo,
             porque en el cristal del rostro
             se conocen los efectos.

Zurdo   Mira que está Lesbia aquí   175
             y que nos ha estado oyendo.

Fidelfo   ¿Quién es esta Lesbia?

Zurdo	Es
	el milagro de este tiempo,
	el monstruo de Alejandría,
	la sirena de su puerto, 180
	que a su casa te ha traído
	a divertirte, y entiendo
	que has de olvidar a Teodora.
Fidelfo	No podré, si todo aquello 185
	que enamorare y mirare
	no viniere a ser lo mesmo
	que Teodora, porque en ella
	amor mi remedio ha puesto.
Zurdo	Pues que la tienes delante
	repara en ella.
Fidelfo	No tengo 190
	libertad para mirarla.
Zurdo	Lesbia, este ilustre mancebo,
	en quien la primera aurora
	de su Abril florido y tierno,
	baña en mariposas de oro 195
	los perfiles del cabello,
	por lisonja de tu fama
	viene en ti a cobrar el seso,
	porque amor en hermosura
	sus aforismos ha puesto. 200
	Encántale en tus palabras,
	húrtale en tus ojos bellos,
	para que vea en los suyos
	dulce paz y blando sueño.

Lesbia	Aunque apenas entendidas	205
	oí en mal formados ecos	
	las querellas lastimosas	
	de este ilustre caballero,	
	y pésame que a mi casa	
	venga por remedio, viendo	210
	que amor le libra en la causa	
	que producen los efectos.	
Fidelfo	Lesbia divina, si sabes	
	enajenar pensamientos	
	y envanecer voluntades	215
	libradas en embelecos,	
	dame remedio, señora,	
	favoréceme, que muero	
	a manos de un imposible	
	y a rigores del infierno.	220
	Si amor con amor se cura,	
	y con soberano imperio	
	tus ojos son dos tiranos	
	de cristal, templa con ellos	
	mis amorosas locuras,	225
	en cuyas cárceles preso	
	tendrá libertad el alma	
	que muere en tantos desprecios.	
Lesbia	Ya sabes que amor ingrato	
	solo se paga de aquello	230
	que apetece, y de quien hizo	
	elección de esto, que vemos	
	dc los disparates suyos	
	así amorosos defectos.	
	¿Qué importa que yo te engañe	235

con amorosos requiebros,
si en otra parte está el alma
y sin ella no obra el cuerpo?
No podrás sanar de amor
si no olvidares primero,   240
que en amor, el olvidar
es el más sano consejo.

Fidelfo   ¡Ay Lesbia, ay señora mía!
Eso es lo que yo pretendo,
que es el remedio olvidar   245
y olvidóseme el remedio.

Zurdo   Del soberano Aristarco
de Menfis, hijo es Fidelfo,
que a Alejandría le traen   250
amorosos desconciertos.
Amaba en Menfis a un monstruo.

Fidelfo   Di que amaba en ella a un cielo,
a un Sol con rayos hermosos
de cristal, y rayos negros,
que de las almas que abrasan   255
rayos de carbón se han vuelto.
Casóse con un tirano
que por marido aborrezco,
y por amante dichoso,
pues gana lo que yo pierdo.   260
Día a día ha, Lesbia, un año
que la sirvo y la pretendo,
siendo con ella Alejandro,
siendo Midas, siendo Creso,
ya ejecutando imposibles,   265
ya rigores disponiendo,

ya temerosas ternezas,
ya músicas, ya paseos.
Mas como impugnable roca
que batida de los vientos   270
trueca en átomos de vidros
gigantes de espuma crespos,
valiente se ha resistido
a mis amorosos ruegos,
dádivas, finezas, llantos   275
y locos ofrecimientos;
porque una mujer, si da
en ser honrada, es lo mesmo
que el Sol, que de cerca abrasa
y parece bien de lejos.   280

Lesbia   ¿Quién es?

Fidelfo   Teodora se llama.

Lesbia   ¿Qué dices?

Fidelfo   Que este desvelo
de mi loca fantasía
se llama así.

Lesbia   ¿Hay tal suceso?
Si ese imposible te allano,   285
¿qué me darás?

Fidelfo   Pon a precio
de imposibles el servirte,
y abrasado en sus sabeos
holocaustos, te daré
el pájaro que cubierto   290

	de penachos de oro y nácar	
	de sus cenizas naciendo	
	parece rosa con alma,	
	parece flor con aliento.	

Lesbia   Como me des la palabra   295
de ser mío, te prometo
su ingratitud en tus manos,
su tiranía en tu pecho.

Fidelfo   Digo mil veces que soy   300
tuyo; ponme, Lesbia, un hierro
que publique esta verdad
y que afirme este concierto.

Lesbia   Dame esa mano.

Fidelfo   Y el alma
con ella, si alguna tengo.

Lesbia   ¿Olvidarásla?   305

Fidelfo   Gozada.

Lesbia   ¿Y ahora?

Fidelfo   No, que no puede,
que es el remedio olvidar,
y olvidóseme el remedio.

(Vanse, y sale Teodora bizarra, y Alcina villana, con unas flores, y entre ellas un billete escondido.)

Alcina   Ésta corté en el jardín,

20

aunque más viva se hallara 310
la clavellina en tu cara
y en tus manos el jazmín;
las maravillas, al fin
de que quisiste pedillas
se han puesto tan amarillas 315
que no medrarán jamás,
pues ven que donde tú estás
no es menester maravillas.
En la manga las pondré
para que en ella las vea 320
Natalio, y la abeja sea
cuando en tus brazos esté.

Teodora   Las primicias de mi fe
en ternísimos amores,
piden frutos superiores, 325
y cuando con él estoy,
el alma, Alcina, le doy,
que no gasto el tiempo en flores.
¿Quién no envidia mi ventura?
¿Hay suerte más venturosa? 330
Que soy de Natalio esposa
y estoy de su amor segura.

Alcina   Fidelfo estorbar procura
su paz.

Teodora   Que olvides te pido
el nombre que has referido, 335
y esto, Alcina, no te asombre,
pues pienso que con el nombre
aún se ofende mi marido.

Alcina	Esos escrúpulos son	
	para mi aldea, aunque allá	340
	licencia también se da	
	a alguna conversación.	

Teodora	La fama está en la opinión,	
	y el honor está en la fama,	
	que la que buena se llama	345
	buena fama ha de tener	
	porque a la honesta mujer	
	la imaginación la infama.	
	De la manga sacaré	
	las flores que aquí metiste.	350
	Mas, ¿qué es esto, ay de mí, triste,	
	que dentro de ellas hallé?	

Alcina	Un papel, señora, fue	
	que corté por azucena	
	flor es de fragancia llena.	355

Teodora	Pero rasgarla es mejor,	
	que tan olorosa flor	
	para deshojada es buena.	
	Vete, villana, de aquí,	
	y en mi casa no estés más.	360

Alcina	Vete luego. ¿No te vas?	
	Mi señor viene, ¡ay de mí!	

(Sale Natalio.)

Natalio	Dulce prenda, ¿vos así?	
	¿Con Alcina descompuesta	
	vos? ¿Qué novedad es ésta,	365

y quién rasgó este papel?

Teodora   Yo, señor, a Alcina en él
así le doy por respuesta.
La cuenta en él me traía
de lo mal que me ha servido, 370
y por eso la he rompido,
porque engañarme quería
y paréceme osadía
en la pretensión que vi,
que estando vos vivo así 375
me pareció gran delito
que la cuenta por escrito,
señor, me la diese a mí.
Con ella hacerla podéis,
que yo a enojo me provoco, 380
aunque pienso que muy poco
o que nada la debéis.

Natalio   Si de eso gusto tenéis,
dadle lo que os ha pedido
por el papel.

Alcina   Lo que pido 385
no es milagro que lo hiciera
mi señora, si creyera
lo bien que yo la he servido.
Y a las reinas darse pueden
los papeles, cuando son, 390
señor, de cuenta y razón,
sin que disgustadas queden.

Teodora   Por tales cuentas suceden
en las cuentas mil errores,

	que suele haber contadores	395
	tan falsos y lisonjeros	
	que multiplicando ceros	
	hacen las cuentas mayores,	
	y así siempre se han de dar	
	al marido tales cuentas.	400

Alcina   Siempre con tu ingenio intentas
             a una villana apurar;
             servir quiero sin contar.

Teodora   Yo, castigar tu intención
             con esta resolución: 405
             que las que en mi mano pones,
             no son cuentas de perdones
             y no merecen perdón.

Alcina   A esta enfadosa mujer
             arrogante y presumida,   410
             aunque me cueste la vida
             por Fidelfo he de vencer.

(Vase Alcina.)

Teodora   Los papeles recoger
             puedes, y hacerlos sumar
             si es que quieres acertar,   415
             que yo, como aquí se ve,
             solo de esta suerte sé
             partir y multiplicar.

Natalio   ¿Qué es esto?

Teodora   Un papel le hallé

	que en la manga le traía,	420
	y porque aquí le escondía,	
	señor, así le rasgué.	

Natalio   Muy justo el enojo fue.

Teodora   Castigarla quise así
                 que lo que ya escondió aquí   425
                 para ella, si porfía
                 podrá, señor, otro día
                 recibille para mí.

Natalio   A un tiempo, mi Teodora,
                 tu ingenio y tu belleza me enamora,   430
                 dame esas manos bellas,
                 que con rayos de dedos son estrellas.

Teodora   ¿Quiéresme mucho?

Natalio   Fuera
                 corto mi amor si aquí le encareciera;
                 tanto en fin vengo a amarte,   435
                 que acertarlo a decir fuera agraviarte.

Teodora   Y yo esposo, te adoro
                 al paso que lo dudo y que lo ignoro,
                 que imposible es decillo,
                 de la suerte, mi bien, que he de sentillo.   440

(Ruido, y salen Fidelfo y Zurdo acuchillándose, y otros.

Zurdo   Muera el villano, muera.

Fidelfo   Socorredme, por Dios.

Natalio	¿Qué es esto?

Fidelfo	Ahí fuera

mucha gente me sigue,
que a un hombre solo multitud persigue,
permitidme, señores,   445
que me pueda esconder de sus rigores.

Zurdo	Si se esconde en el cielo

ha de morir.

Fidelfo	¡Ay Dios!

Natalio	Pierde el recelo,

que eso no corresponde
al valor natural; aquí te esconde,   450
yo voy a detenellos.

(Vase con los demás.)

Teodora	Dueño del alma, no riñáis con ellos,

mirad que sois mi vida,
y que seréis riñendo mi homicida.

Fidelfo	Quiero lograr mi intento, 455

dame, tirano amor, atrevimiento,
pues esta ocasión gana
hoy la industria de Lesbia soberana.
Teodora divina,
premia mi afición,   460
que es esta invención
de amor peregrina.
Vencerte imagina

mi loco deseo.

Teodora ¿Qué es esto que veo? 465

Fidelfo Tu Fidelfo soy,
que a tus pies estoy,
y el favor no creo.
Dame aquesa mano
de cristal hermoso. 470

Teodora Llamaré a mi esposo.

Fidelfo Llamarle es en vano;
la ocasión que gano
lograr piensa amor.

Teodora Amante traidor, 475
si él falta de aquí,
advierte que en mí
se quedó su honor.
Vete, que daré
voces que te mate. 480

Fidelfo Sea en mí granate,
si diamante fue
su espada, y pondré
fin a mis porfías,
y las ansias mías 485
así acabarán,
pues muriendo están
de amor tantos días.
Resuelto a morir
vengo a tu presencia, 490
que es a tal violencia

flaco el resistir.
Morir es vivir
sin tantos desvelos
que es mejor, ah cielos,   495
con locos amores
morir de rigores
que vivir con celos.
Natalio, aquí estoy,
si el castigo es poco,   500
mátame por loco,
pues amante soy.

Teodora   Huyendo me voy
que aunque es de estimarse
oyendo enfrenarse,   505
no es prudencia mucha,
porque está el que escucha
cerca de ablandarse.

(Vase Teodora.)

Fidelfo   Oye, escucha, espera,
si triunfas de mí,   510
dime por qué aquí
no quieres que muera.
¿Vio la Libia fiera
más cruel y airada?
Como estatua helada   515
mi llanto desprecia,
y esto es ser necia
más que ser honrada.

(Salen Natalio y los demás.)

Natalio	Ya estos hidalgos están, caballero, averiguados.	520
Zurdo	Con términos tan honrados, ¿qué resistencias podrán? Yo, que soy el ofendido, la mano por vos le doy.	
Fidelfo	Digo que su amigo soy, puesto que haberme escondido no fue temor, antes fue generosa bizarría, que solo hallar pretendía la ocasión que se me fue ya asida por los cabellos.	525 530
Zurdo	Si esa ocasión se perdió yo sabré buscarla.	
Fidelfo	Y yo.	
Natalio	Cuando venimos a hacellos amigos, vuelven a hacer nueva pendencia.	535
Fidelfo	Señor, disgustos que causa amor insufribles suelen ser. No os espantéis, que reñimos por celos.	
Zurdo	Y es tal, por Dios que aquí los tendrá de vos, pues de los que aquí venimos	540

los tiene sin ocasión.

Natalio   No me espanto, que los celos,
aunque engañan como cielos,   545
infiernos del alma son.

Zurdo   ¿Cómo te ha ido?

Fidelfo   Hame ido
muy mal.

Zurdo   ¿Oyóte?

Fidelfo   Algo oyó.

Zurdo   Pues señor, si te escuchó
tú serás correspondido.   550

Fidelfo   A Lesbia contarle quiero
el caso, voyme a vestir,
que con ella he de venir
transformado en escudero.
Ya es fuerza que me despida.   555
Adiós.

Natalio   Adiós.

Zurdo   Ven que es hora.

Fidelfo   Amor, goce yo a Teodora,
y luego pierda la vida.

(Vanse todos, y queda Natalio.)

Natalio	Cuán bien aventurado	
	puede llamarse el hombre que en paz vive,	560
	contento y bien casado,	
	que es el premio mayor que se recibe	
	del brazo santo y justo,	
	después del cielo, la mujer a gusto.	
	Mire de puntas de oro	565
	el monarca su frente soberana,	
	que con sacro decoro	
	deidad se finge con soberbia vana,	
	que será desdichado	
	con tanto amor, si vive mal casado.	570
	Yo solo venturoso	
	gozo mujer a gusto, honesta y bella,	
	y en tálamo amoroso,	
	seguro de ofenderme y de ofendella,	
	ocupo en lazo estrecho	575
	la mesa en paz, y en dulce amor el lecho.	

(Sale Teodora.)

Teodora	¿Fuéronse?

Natalio	Sí, y amigos.

Teodora	Antes pienso que van en más pendencia
	y son más enemigos.

Natalio	Disparates de amor les dan licencia.	580

Teodora	Antes si se la dieran,
	disparates de amor, Natalio, fueran.

(Sale Alcina.)

Alcina	Lesbia pide licencia
	para besar tu mano.
Teodora	No te vea
	que temo su presencia. 585
Natalio	Que así mi grande amor premiado sea
	¡Fálteme el cielo!...
Teodora	Tente.
Natalio	Si otra mujer amare eternamente.
Teodora	Amigo, esposo, aguarda,
	¿vas enojado?
Natalio	¿Yo contigo enojos? 590
	Solo amor me acobarda
	cuando me aparto de tus bellos ojos.
Teodora	¿No crees que te adoro?
Natalio	Tu mucho amor y honestidad no ignoro.

(Vase Natalio, y sale Lesbia con Mandio, Fidelfo, Zurdo, de escuderos.)

Lesbia	Después, Teodora divina, 595
	que miro tu gran belleza,
	disculpo a los que te alaban
	por mucho que lo encarezcan.
	Maravilla eres de Dios,
	una precursora honesta 600
	de su pincel soberano,

de su eterna omnipotencia.
Boca del alba es sin duda
la tuya, donde entre estrellas
y celajes de rubís   605
parece que el Sol despierta.
Tus ojos dos rayos son
con que Júpiter pudiera
mostrar su poder en vidro,
medir con cristal sus fuerzas.   610

Teodora   Detente, Lesbia, que vienes
             como hermosa lisonjera.

Lesbia   Hasta verte, Lesbia he sido,
             mas ya de hoy más no soy Lesbia,
             dame licencia, Teodora,   615
             que a mi posada me vuelva
             a llorar celos forzosos
             y a sentir forzosas penas.

Teodora   ¿Yo te doy celos? ¿Yo soy
             tan cruel que hago que tengas   620
             disgustos? Si aun en mi casa
             el Sol no me ha visto apenas.
             Si los tienes de mi esposo,
             pasados disgustos deja,
             pues que ves que con el tiempo   625
             todas las cosas se truecan.
             Yo le adoro, y él me adora,
             y es fuerza que te aborrezca,
             Lesbia, que me engañe,
             si no es, que amor habla en muchas lenguas.   630
             Olvida encantos pasados,
             no turbes con nuevas guerras

	la santa paz con que somos	
	él el muro y yo la hiedra.	
Lesbia	¡Ay, Teodora! Otro es mi mal,	635
	otra es mi desdicha: fuera	
	vos salid.	
Fidelfo	¡Ay, Circe hermosa!	
	Ésta que es helada piedra	
	transforma en mujer con alma,	
	porque escuche y porque sienta.	640
Lesbia	Vete, que yo la pondré	
	tan tratable, afable y tierna,	
	que la que ahora es diamante	
	parezca en tus brazos cera.	
	Dale los polvos a Alcina,	645
	para que luego los vierta	
	en su cama, que con ellos	
	yo haré que fuego se encienda	
	del infierno, y vos, amigo,	
	no os apartéis de esa puerta.	650

(Vanse los dos y Lesbia llora.)

	¡Ay de mí!	
Teodora	No desperdicies	
	así racimos de perlas;	
	siéntate, Lesbia, y no llores,	
	y tus desdichas me cuenta.	
Lesbia	Teodora, tu honestidad	655
	perdone, y dame licencia.	

Yo, señora, soy mujer
no bizarra, ni discreta
como tú, que a intentos locos
sabes hacer resistencia.   660
Enamoréme de un hombre;
grande infamia, vil bajeza,
en una casta mujer,
y en una honrada doncella.
Si es verdad que me disculpa   665
su talle y su gentileza,
sus virtudes, sus donaires
y sus muchas excelencias.
Resistíme generosa,
probé olvidar, mas no hay fuerzas   670
contra finezas de amor
en Tesalia ni en Bohemia.
Declaréle mi cuidado,
y en la noche oscura y negra
le ofrecí mil ocasiones   675
que como ingrato desprecia,
porque del Sol escondida
mi infamia estaba secreta;
que son terceras calladas
las sombras y las tinieblas,   680
que es imposible saberse
lo que se ejecuta en ellas
como no lo vea el Sol,
ni las estrellas lo entiendan.
Viendo, pues, su repugnancia,   685
corrida de sus respuestas,
un día le apuré tanto
que me dijo: ¿por qué intentas
imposibles, cuando el alma
está encarcelada y presa   690

en un fuerte de jazmines,
de rosas y de azucenas,
donde dos soles de vidro
siempre vieron primaveras?
Yo celosa y necia entonces,   695
que toda celosa es necia,
enlazándole en mis brazos
le apuré con tal fiereza
que me dijo que eres tú
por quien sin seso y paciencia   700
moría en ciegos rigores,
penaba en locas ausencias,
y que amar otra mujer
en tan fuerte ocasión, era
prender puñados de luz,   705
contar diluvios de arenas.
Y como preñada nube
que con llantos de centellas
aborta infantes de fuego,
con quien la máquina tiembla,   710
se desasió de mis brazos,
a quien seguí descompuesta,
que una mujer es demonio
cuando los celos la aprietan.
Y diciéndole otras veces   715
tu honestidad, tu prudencia,
y cómo tu esposo adoras,
respondió que de tus rejas
ha de ser Ifis egipcio
cuando tú Anajarte seas,   720
viéndose en Alejandría
por ti una infeliz tragedia.
Y así, Teodora divina,
vengo a pedirte resuelta,

con lágrimas amorosas   725
que de mí lástima tengas,
haciendo por mí una cosa,
sin que tu crédito pierdas,
pues a la espalda del Sol
no hay secreto que se sepa.   730
Tú has de enviar a llamar
a Fidelfo, cuando duerma
tu esposo, y por el jardín
le has de dar secreta puerta,
que en las sombras de la noche   735
fiada puedes tenerla
abierta, y yo desmintiendo
la voz con dulces ternezas,
engañándole en tu nombre
le gozaré, cuando él piensa   740
que está en sus brazos Teodora,
y así de dos locos templas
los resueltos albedríos,
las voluntades resueltas.

Teodora   Bien parece que estás loca,   745
                   pues semejantes bajezas
                   te has atrevido a decirme;
                   vete de mi casa, fiera,
                   porque el honor del marido
                   no ha de estar en contingencia.   750

Lesbia   No me iré, mas de tus ojos
                   verás que me llevan muerta,
                   que este puñal dará fin
                   a mis infernales penas.

Teodora   Tente, mujer o demonio.   755

Lesbia	Porque el remedio me niegas	
	de todas suertes, ingrata,	
	deja que en morir le tenga,	
	pues que no le tengo en ti,	760
	y te falta la clemencia.	
	Dos remedios solamente	
	mi resolución espera:	
	es éste o el tuyo, mira	
	cuál me aplicas.	
Teodora	¿Hay tal fuerza?	
	Vete, monstruo que has venido	765
	a perturbar mi inocencia;	
	mira que soy bien casada,	
	no quieras que el candor pierda	
	de mi noble honestidad,	770
	de mi voluntad primera.	
	Vete con Dios.	
Lesbia	¡Ay Teodora!	
	No eres mujer, no eres hecha	
	de nuestra materia misma	
	mentida naturaleza	775
	veo en tus ojos, Teodora	
	¿qué pierdes en que yo pueda	
	remediarme, y en que yo	
	con aquesta estratagema	
	me case y no pierda el alma?	
	¿Qué respondes?	
Teodora	¿Hay tal fuerza?	780
	Lo que quisieres sea.	

Lesbia	Amiga, déjame besar la tierra que están honrando tus pies.
Teodora	Lesbia, si mi honor celebras, no me le quites, por Dios. 785
Lesbia	¿Qué honor pierdes, si en ausencia del Sol, verse es imposible? Y no viéndose la ofensa, ¿cómo puede ser agravio?
Teodora	¿Y si Natalio despierta? 790
Lesbia	Estos polvos verterás, Teodora, en su cabecera, que infunden sueño; un papel le escribe.
Teodora	¿Qué dices, Lesbia? ¿Yo papel?
Lesbia	Sí, tú, Teodora. 795
Teodora	De mi mano y de mi letra, a otro hombre, no es justo. Cuando una mujer honesta escribe papeles, da testimonio de su ofensa. 800 Basta enviarle a llamar.

(Sale Zurdo)

Zurdo	Ya hay hachas. ¿Mandas que enciendan?

Teodora	No enciendan, porque en mi casa la señora Lesbia queda esta noche.
Lesbia	Haced que luego 805 todos a casa se vuelvan, y haced que entre luego Ostilio.
Zurdo	¿En qué punto está la empresa?
Lesbia	Ya la simple palomilla cayó en la red, y ya es muerta 810 la honestidad de Teodora.
Zurdo	¿Ya murió? Requiem eternam.
Lesbia	Llama a Fidelfo.
Zurdo	Yo voy por las albricias.

(Vase.)

Teodora	Cubierta quiero que estés esta noche 815 sin que Natalio te vea, porque se logre mejor tu intento.
Lesbia	Es traza discreta.

(Sale Fidelfo.)

Fidelfo	¿Qué manda vuesa merced?
	¡Ay, peregrina belleza! 820
Lesbia	Éste es el que ha de llevar
	el recado; porque crea
	que es verdad, tú se le da.
Teodora	¿Quién es éste?
Lesbia	Ah, cuenta
	que ésta es la persona misma 825
	a quien le envías.
Teodora	Decid
	que sin que el cielo le entienda
	ni la tierra, a media noche
	Fidelfo, a la puerta venga
	del jardín, donde le aguardo. 830
Fidelfo	Dame en su nombre esa bella
	mano, y haz cuenta que en mí
	Fidelfo propio la besa. (Bésala)
Teodora	Levanta.
Fidelfo	¡Ay, mano divina!
Teodora	Cuando una mujer comienza 835
	a ser liviana, a estos daños
	abierta la puerta deja.
	Ya consiento que me bese
	la mano el hombre que lleva
	el recado, a quien el Sol 840
	tocaba con reverencia.

Fidelfo (Aparte.)   (Lesbia, ¿cómo la engañaste,
                    siendo tan sabia y discreta?)

Lesbia   La más sabia, siendo honrada
                    es ignorante, si peca.   845

Fidelfo   El alma te debo, oh noche,
                    de los engaños maestra,
                    ofrecer pienso a tus aras
                    mis grillos y mis cadenas.

(Vase Fidelfo y entra Alcina.)

Alcina   Mi señor viene.

Teodora   Tú, Alcina   850
                    a su aposento le lleva;
                    yo haré que nos acostemos
                    y que nos traigan la cena
                    a la cama.

Lesbia   Con los polvos
                    harás que luego se duerma.   855

Teodora   Aunque la culpa es tan poca
                    a verle voy con vergüenza,
                    mas no es mucho, si el pecado
                    es áspid de la conciencia.

(Vase.)

Lesbia   Ahora veré si en paz   860
                    vives.

42

Alcina	Ya en la cama quedan
	los polvos puestos.

Lesbia	Ya puedo
	referirte aquella emblema
	de Eurípides a Cupido
	y Venus, estáme atenta, 865
	porque a propósito viene.

Alcina	¿Qué hay que mujeres no emprendan?

Lesbia	Venus halló una tarde a Amor dormido
	en los regazos de sus ninfas flores,
	que de la dura ley de sus amores 870
	plantas así se habían redimido.
	Y viendo la ocasión que ha pretendido,
	quiso vengar rigores con rigores,
	y quitándole el Iris de colores,
	flechándole gentil, le dejó herido. 875
	Mas recordando al golpe, alborotado,
	«Ay, que me has muerto», dijo el niño bello,
	y previniendo el arco no le ha hallado.
	Y Venus, llena de placer de vello,
	dijo: «Rapaz, no duerma descuidado 880
	quien tantas leyes da, y se alaba de ello».

Alcina	Bien lo has traído.

Lesbia	Quien da
	celos, no es razón que duerma
	en paz; sientan mis rigores
	y mis desatinos sientan. 885

| Alcina | Del enemigo de casa, |
| | ¿quién puede librarse? |

Lesbia	Apriesa
	va la noche en pies de oro
	pisando montes de estrellas.

Alcina	Ya es tarde; vamos, que importa	890
	que Natalio no te vea
	porque se logre mejor
	tu intento.

| Lesbia | Es traza discreta. |

Alcina	Todo fuera honor, del mundo
	si en él criados no hubiera	895
	y terceras engañosas.

| Lesbia | Celos con celos se vengan. |

(Vanse, y salen Teodora con una vela..)

Teodora	Si lo mismo que el obrar
	viene a ser el consentir,
	lo mismo es querer decir	900
	si se llega a ejecutar
	y así yo vengo a pecar,
	si no obrando, consintiendo,
	y tanto mal voy haciendo
	consintiendo como obrando,	905
	pues pecando, y no pecando,
	a Dios y a mi esposo ofendo.
	Al jardín quiero bajar
	por esta falsa escalera.

(Dice dentro Natalio.)

Natalio   No bajes, detente, espera.   910

Teodora   A Natalio he oído hablar,
                     quiero volverme y mirar
                     si ha recordado dormido
                     está soñando, esto ha sido;
                     bajar quiero, mas la puerta   915

(Cae un cuadro y tapa la puerta.)

                     se ha cerrado estando abierta,
                     con un cuadro que ha caído.
                     Quiero llegar y quitalle:
                     más, ay de mí, Cristo está
                     crucificado, y dirá   920
                     que vuelvo a crucificalle.
                     Quiero volverme, y dejalle,
                     mas la lumbre se me ha muerto,
                     y con la puerta no acierto.

(Sale Lesbia.)

Lesbia   Teodora, mira que es hora.   925

Teodora   ¿Quién es?

Lesbia   Lesbia soy, Teodora.

Teodora   Ya cesó nuestro concierto.
                     De lo que importa te advierto.

Lesbia	¿Por qué?

Teodora   Porque Cristo está
           guardando crucificado   930
           la puerta, donde enclavado,
           lugar, Lesbia, no me da.

Lesbia   Baja, que Fidelfo espera,
           pues tienes, en ansia igual,
           escalera principal   935
           deja la falsa escalera.

Teodora   Antes lo más propio era
           la falsa, pues voy a hacer
           falsedades de mujer;
           aquí mal me persuades,   940
           pues para hacer falsedades
           puerta falsa es menester.

(Sale Fidelfo.)

Fidelfo   Alcina me abrió la puerta,
           y amor aquí me ha subido.

Teodora   Parece que oigo ruido;   945
           si es Natalio, que despierta...

Fidelfo   Es, Teodora, un alma muerta,
           que en pena viene buscando
           tu gloria.

Teodora   Ya estoy temblando,
           ven Lesbia.

| Lesbia | Ya voy tras ti. | 950 |

| Teodora | No me dejes sola aquí.
Fidelfo, baja callando. | |

(Vanse Teodora y Fidelfo.)

Lesbia	Cayó en el lazo la necia,	
	lindamente me ha vengado	
	de este puntual casado	955
	que me ofende y me desprecia.	
	Mataráse, si es Lucrecia,	
	después de gozada, y loca	
	Parténope, de una roca,	
	dará a las canas espumas	960
	finos granates en sumas,	
	y vivirán desde entonces	
	con su memoria los bronces,	
	con su espíritu las plumas.	
	Quiero ver cómo resiste	965
	tan poderosa ocasión,	
	aunque en la resolución	
	de Fidelfo el bien consiste,	
	y tal furia amor enviste	
	en la más cuerda mujer,	970
	que un demonio viene a ser	
	tal vez, si un ángel ha sido;	
	y al paso que amó al marido	
	le comienza a aborrecer.	

(Vase; salen Teodora y Fidelfo.)

| Teodora | Déjame, monstruo enemigo. | 975 |

Fidelfo	Después de haberte gozado estoy más enamorado; más te adoro y más te sigo. Dame ese pecho amoroso.
Teodora	Mira que voces daré. 980 Vete con Dios, déjame, o despertaré a mi esposo.
Fidelfo	Toda la dificultad está en el principio puesta, ya te he visto descompuesta, 985 ya faltó tu honestidad. Ya me abrazaste, y me diste el alma, aunque envuelta en llanto.
Teodora	No me des, Fidelfo, espanto, con el pecado que hiciste. 990 Vete con Dios, vete presto, vete.
Lesbia	¿Qué es esto, Teodora?
Teodora	¡Oh, bárbara engañadora! Que en tal peligro me has puesto... ¿En qué, cruel, te ofendí? 995 Y, dime, ¿en qué te ha ofendido un inocente marido que está sin honra por ti?
Lesbia	Ofendísteme en vivir bien casados, cuando muero 1000 de celos, y veros quiero a los dos también morir,

y quiero que no se alabe
Natalio de venturoso,
sino que viva celoso   1005
que así amor vengarse sabe;
que ves envidiarte honrada,
y esto viene al fin a ser
venganza de una mujer
celosa y desesperada.   1010

Teodora   Bien has mostrado quién eres.

Lesbia   Sabrás que son, aunque llores,
                   los enemigos mayores
                   mujeres de las mujeres.
                   Ven, Fidelfo.

Fidelfo   ¿Cómo puedo?   1015

Teodora   Vete, por amor de mí.

Fidelfo   Voyme, Teodora, aunque en ti
                   con nuevas ternezas quedo.

(Vanse, y queda Teodora.)

Teodora   Buena, honor, he quedado,
                   infame, y en pecado,   1020
                   burlado y ofendido
                   tan honrado marido,
                   y en lenguas de la gente,
                   láminas de mi afrenta eternamente.
                   Todo es horror y enojos   1025
                   donde vuelvo los ojos,
                   si miro al cielo, el cielo

corre a su rostro el velo,
y si miro a la tierra,
en ella mi pecado me hace guerra.   1030
Mas el Sol no ha de verme,
que entre zafiros duerme,
pues si está mi pecado
tan secreto y callado,
¿quién de él dará noticia   1035
si ninguno le vio?

(Sale por una maroma un niño con un Sol y no se va más la cara del niño.)

Voz   El Sol de justicia.
                 Yo soy el que al cielo
y a la tierra alumbra,
aunque así eclipsado
me tienen tus culpas.   1040
Entre cinco mil
rayos que me ilustran,
cinco manifiestan
mi clemencia mucha.
Ésta has irritado,   1045
casada perjura,
burlando a tu esposo
que en sueño sepultas;
nada de mis rayos
remoto se juzga   1050
porque están en ellos
todas las criaturas.
Tu pecado he visto,
aunque sombra buscas,
diligencia necia,   1055
bárbara disculpa.
A oscuras pecaste,

y así es cosa justa
que mi Sol se ponga
y te deje a oscuras.   1060

(Vase.)

Teodora   Púsoseme el Sol,
                  que clemencia anuncia,
                  grande es mi pecado
                  pues en Cruz se juzga,
                  si es la cruz el barco   1065
                  donde se aseguran
                  las misericordias
                  que el rigor perturban.
                  ¿Cómo en ella a mí,
                  rigor me pronuncian,   1070
                  de ausencia de Dios,
                  que no hay quien la sufra?
                  Y, pues Dios me deja,
                  siendo prenda suya,
                  ¿dónde iré sin Dios   1075
                  que viva segura?
                  Despojarme quiero
                  y salir desnuda,
                  sin llevar testigos
                  de mi desventura.   1080
(Vase desnudando.) Queden los vestidos,
                  y mi infamia encubran,
                  que si van conmigo
                  harán de mí burla.
                  Ojalá pudiera   1085
                  dejar la importuna
                  memoria con ellos,
                  que más me perturba.

Púsoseme el Sol,
y la noche oscura   1090
para condenarme
en sombras me ofusca.
Voy desesperada,
mas, ¿qué luz divulgan
las sombras que al cielo   1095
en montes sepultan?

(Tocan, sale la Luna de la misma manera.)

Voz   Si se puso el Sol,
ya sale la Luna
para consolarte,
si consuelo buscas.   1100
Yo, Teodora, soy
aunque con luz suya,
la Madre del Sol,
que con plantas pulcras
montes de luz piso   1105
que cielos divulgan.
No te desesperes,
que paz te pronuncia
la esperanza nuestra,   1110
la vida y dulzura.
Sígueme, fiada
en mí, que segura
te pondré en los montes,
donde eternas lluvias
a Dios des, cristales   1115
si hoy son aguas turbias.
Sígueme.

(Va pasando.)

Teodora	¡Ay, señora,
	ay luciente y pura
	Estrella del mar!
	Deja, pues me alumbras, 1120
	que diga, contenta,
	cuando más confusa,
	púsoseme el Sol,
	salióme la Luna,
	ventura fue, madre, 1125
	ver la noche oscura.

Fin de la primera jornada

Jornada segunda

(Sale Natalio medio desnudo, con espada, broquel y linterna.)

Natalio   Teodora levantada
de mi lado a deshora,
sin sentillo, Teodora
desnuda, y de mis brazos apartada.   1130
Y aquella parte helada
del lecho, que inviolable y casto ha sido.
La tortolilla simple sin el nido,
a hurto de su esposo;
mas, ¿si dejase, ay Dios, de ser dichoso?   1135
Que el más cuerdo marido,
cuidadoso y honrado,
puede ser, mientras duerme, desdichado,
que en el honor aun no disculpa al sueño
el defecto y descuido más pequeño.   1140
Mas, parece locura,
pudiendo ser engaño,
ser profeta del daño
que mujer tan honesta me asegura.
¡Extraña desventura!   1145
Que aun el honor no deje permitido
a un honrado marido
discurrir en su agravio,
sino que, recatado, cuerdo y sabio,
viéndolo por los ojos   1150
ha de pensar que es sueño o son antojos
y debe corregillo y castigallo
en llegando no más de a imaginallo.
Dura ley, caso atroz, bárbaro abuso,
maldito sea el autor que tal compuso.   1155
Ya que mi sueño ha sido

tan profundo y pesado,
y todo está callado,
y en las puertas del alba el Sol dormido,
recatado marido   1160
quiero ser, cuidadosa centinela
del honor que sin causa me desvela,
y ver dónde a tal hora,
desnuda y sin mi lado está Teodora.
Si la buena resbala,   1165
¿qué cuidado al honor dará la mala?
Mas, ay, que en un chapín he tropezado,
tirano precursor de mi cuidado;
más adelante veo
su ropa sin decoro,   1170
y entre lascivia y oro,
más adelante el bárbaro manteo.
Otro chapín está más adelante;
confusión semejante,
quién ha visto jamás, y quién ha sido   1175
tan modesto marido
que la tierra no espante;
allí el jubón diviso,
parece que la capa echarme quiso,
desdichado de mí; si verdad fuera   1180
mas, ¿qué en tal confusión el alma espera?
Quiero entrar a saber, y a ver si topa
esta infamia en el alma o en la boca.

(Vase, y entran Hemo y Lipsio.)

Hemo   De aquí, sin que nos vea,
                callando, ver podremos   1185
                sus locuras y extremos.

56

Lipsio	¿Quién hay, que de mujer virtudes crea?

Hemo   ¿Que tuviera alma fea
            tan hermosa mujer!...

Lipsio   Salir, amigo,
            la vi por el postigo,   1190
            a la luz de la Luna, que excedía
            en claridad al día.

Hemo   Y, ¿a quién llevó consigo?

Lipsio   A nadie, que salieron
            por el postigo que primero abrieron   1195
            dos sombras, que llevaban
            dos mujeres que vi que acompañaban;
            y ella sola después, porque te asombre,
            Hemo, salió vestida en traje de hombre.

(Sale Natalio con los vestidos.)

Hemo   Ya viene.

Natalio   Del honor que se ha anegado,   1200
            éstos son los vestidos que he escapado,
            villano sobre escrito,
            y túnica vistosa
            de la culebra hermosa,
            que quiso desnudalle el apetito;   1205
            testigos del delito
            quiso dejarme en ellos;
            ah, monstruos del honor, adornos bellos
            del más fiero animal que al mundo admira,
            y plumas del pavón en que se mira   1210

la más loca hermosura
que jamás pudo ver mortal criatura.
Vosotros causa sois de tales males.
Si el honor se redime en los sayales,
si es lance el desengaño   1215
que las paredes pasa,
no he dejado en mi casa
el lugar más oculto y más extraño.
Ajenos de mi daño,
y en profundo letargo sepultados,   1220
he visto los criados,
y en el jardín abiertas
las cautelosas profanadas puertas,
causa de esta ruina
hallé los hortelanos y no Alcina.   1225
Mis desdichas son ciertas,
ya en el número entré de los maridos
desdichados, celosos y ofendidos.
Mas, ¿posible es que Teodora
conmigo ha sido cruel?;   1230
mas... del rasgado papel
veo el desengaño ahora.
¡Ah, honestidad burladora,
ah, fementida azucena,
de rabia y tósigo llena   1235
cuando al Sol ámbar exhala!
Si Teodora ha sido mala
no puede haber mujer buena.
¿Qué contiene este papel
que dejó con sangre escrito?   1240
En la confusión imito
al gigante de Babel.
Cuatro versos hay en él,
y por firma: «Tu Teodora».

En tantas dudas ignora 1245
el alma lo que concibe,
que quien con su sangre escribe,
no es posible que es traidora.

(Lee:) «Púsoseme el Sol,
salióme la Luna, 1250
¿quién creyera, Natalio,
tan gran ventura?
Tu Teodora.» Del papel
saco mayor confusión.
Ya puedo, con más razón, 1255
decir, Teodora cruel,
como tú dices en él:
«púsoseme el Sol», pues ya
puesto en mí tu Sol está,
y con luz más importuna 1260
puesto, salióme la Luna,
en las mudanzas mujer;
aunque no puedo tener,
puesto el Sol, ventura alguna.
Quiero mi gente llamar 1265
para encargarles mi afrenta,
que si al pueblo no se cuenta
no es tan preciso el pesar:
disimular y callar
es el medio más discreto, 1270
entretanto que en secreto
vea si esta ingratitud
de Teodora fue virtud,
o ha sido poco respeto.
Aunque para mí esta ha sido 1275
soberana vocación,
porque tanta perfección
no puede haberla fingido.

Mas, dejar a su marido
una mujer en tal pena,   1280
es acción que la condena,
es acto que el Cielo iguala;
si Teodora ha sido mala
no puede haber mujer buena.

Lipsio   Ya podemos llegar.

Hemo   Lipsio, no digas   1285
                          que la viste salir.

Lipsio   Bien me aconsejas.

Natalio   Ya amor, mis confianzas me castigas,
                    y me condenas a perpetuas quejas;
                    hola, gente, criados.

Hemo   No prosigas,
                    que pendientes están nuestras orejas   1290
                    de tu voz. ¿Qué nos mandas?

Natalio   Enemigos,
                    todos de mis desdichas sois testigos.
                    Dejadme. Mas, volved.

Hemo   Señor, ¿qué tienes?

Natalio   Idos de mi presencia, desleales.

Hemo   Ya nos vamos.

Natalio   Aguarda.

60

| Hemo | ¿Qué previenes? | 1295 |
| | Para el rigor, que de tu acuerdo sales. | |

Natalio

Tiranos homicidas de mis bienes,
y fieros instrumentos de mis males,
no me matéis, dejadme, y de mis ojos
me quitad estos bárbaros despojos.   1300

Hemo   ¿No nos llamaste tú?

Natalio   Pues ya os despido,
y callando os encargo mis cuidados,
que los que en mis agravios se han dormido
también en cometerlos son culpados;
pues si a su lado se durmió un marido,   1305
¿por qué no han de dormirse los criados?
¡Ah, honor! joya del alma más preciosa,
¿quién te confía, di, mujer hermosa?
Prevenidme caballos, porque quiero
los llanos penetrar, medir los montes,   1310
buscadme el hipogrifo más ligero
que imite al Sol, con rayos de horizontes.
Buscar mi seso como Astolfo quiero,
y vosotros seréis Belerofontes.
Mas, ¡ay!, que si el Pegaso mi mal siente,   1315
satírico ha de ser, y maldiciente.

(Vanse, y salen Alcina y Zurdo.)

Alcina   Ya cerca de Reci estamos,
aldea donde nací.

Zurdo   Pues homenajes de ramos
nos hace esta selva aquí,   1320

y tan fatigados vamos,
en la margen nos sentemos
de este arroyo, que el cristal
serpientes hacer le vemos.

Alcina   Aquí, con amor igual   1325
                la tortolilla imitemos,
                y para que parezcamos
                amantes tiernos, aquí
                en los árboles pongamos
                los nombres.

Zurdo   Antes a mí   1330
                me parece que escribamos
                en esta verde corteza
                de Teodora la flaqueza,
                y así vendremos a ser
                en amor, sin merecer,   1335
                ejemplos de la firmeza.
                «Adúltera fue Teodora»,
                pongo aquí, repita ahora
                el prado el propio delito,
                y en el prado quede escrito   1340
                pecado que el mundo ignora.
                      Ya escrito en los olmos queda.

Alcina   Siéntate, mi bien, un poco.

Zurdo   Sí haré, Alcina, porque pueda
                decir que ahora estoy loco   1345
                esta gigante alameda.

Alcina   ¿Parézcote bien?

Zurdo	Aquí
	de tu rostro he de pintarte
	cómo parecen en mí
	tus partes.
Alcina	Y yo escucharte.	1350
Zurdo	¿Diré de los ojos?
Alcina	Sí.
Zurdo	¿Y de la nariz?
Alcina	No quiero
	que más en eso prosigas.
Zurdo	Soy amante verdadero.
Alcina	Solo quiero que me digas,	1355
	puesto que saberlo espero,
	tu nombre, porque te he dado
	el alma, y aun no lo sé.
Zurdo	Si lo hubieras preguntado
	antes, como de mi fe,	1360
	de él muestras te hubiera dado.
	¿Cómo se llama el que está
	manco de mano derecha?
Alcina	Zurdo.
Zurdo	Con él diste ya.
Alcina	¿Zurdo te llamas? Sospecha	1365

mala tu nombre me da.
Que hombre tan bien entendido
se llame Zurdo...

Zurdo   En el nombre
solo la zurdez ha sido,
y hay muchos, y no te asombre   1370
presumidos, que han nacido
con el alma zurda. Así,
¿por qué en el nombre reparas?

Alcina   Aun si calvo te llamaras
no fuera tan malo en ti.   1375

Zurdo   ¿Yo calvo? Y que me encalvaras
llamándome calvo aquí,
calvo acá, calvo acullá.

Alcina   ¿Y es mejor llamarte Zurdo?

Zurdo   Sí, que más oculto está   1380
el defecto.

Alcina   Aquí me aturdo.
¿Defecto le llamas ya?

Zurdo   No estés, mi zurda, afligida,
que zurdos son cuantos ves
que viven en esta vida   1385
con acciones al revés,
vergüenza y razón perdida;
zurdo es el loco marido
que vive por su mujer,
zurdo el loco presumido,   1390

zurdo el que se quiere hacer
en una hora bien nacido.
Zurdo es el hombre adamado,
zurdo el hombre mentiroso,
zurdo el necio confiado,   1395
zurdo el mancebo brioso
que con bruja está casado.
Zurdos de las ciencias son
las togas y los bonetes
que no han abierto a Catón;   1400
zurdos son los alcahuetes
del honor y la opinión.
Zurda, la casada vil
que al matrimonio, carnero
se come con perejil,   1405
y el cristiano caballero
que vive como gentil.
Ella recostada se duerme
Zurdos son, de las mujeres
los sastres, de los poetas
los cultos; si ejemplos quieres   1410
de personas imperfetas;
Venus, si no Baco y Ceres,
suspensa la tienen ya.
Levantarme con silencio
quiero. Si dormida está...   1415
Otro eunuco de Terencio
en mis engaños verá.
Gozada y burlada queda,
que la que engañó a Teodora,
esto es bien que le suceda: 1420
de los zurdos podrá ahora
quejarse en esta alameda.
Cerca de aquí está un convento

de Eliotas, de este daño
en él redimirme intento,   1425
haciendo un embuste extraño
y un notable fingimiento,
pues darles pienso a entender
que un gran caballero soy,
que Eliota pienso ser;   1430
galardón de zurdo doy,
pues me dejó la mujer
a oscuras, a quien dirán
con los demás condenados,
ite maledite.

(Vase, y recuerda ella.)

Alcina   ¿Están   1435
los ejemplos acabados,
o comenzándose van?
Mi bien... pero, no está aquí,
Si está en el arroyo..., no.
Esposo Zurdo, ay de mí,   1440
él me engañó y me burló,
fui mujer, y zurda fui.
A voces quiero llamarle,
mas, ¿será bien que las dé
llamando a un zurdo?; dejalle   1445
quiero, que quien zurdo fue
con tal presencia y tal talle,
no puede hacer cosa buena;
dejarle quiero burlada,
pues de desventuras llena   1450
estar con zurdo casada
fuera para mí más pena.
En mi aldea pienso hacer

penitencia de un pecado
al humano parecer,   1455
tan zurdo y tan mal pensado,
mas pequé como mujer.
¿Qué más esperar podía
de un zurdo, mil rayos den
en toda su zurdería?   1460
Las que a zurdos queréis bien
notad bien la historia mía.

(Vase, y sale Teodora, de hombre.)

Teodora   Cuando llega una mujer
a perder su honestidad,
cualquier ofensa y maldad   1465
en su daño ha de temer;
yo, que apenas dejé ver
mi rostro al Sol y a la gente,
en traje tan indecente
de mí misma muestras doy   1470
pero, ¿qué mucho, si estoy
tan mudada y diferente?
Intratables montes sigo
huyendo de mi pecado,
como aquel que acobardado   1475
escapa de su enemigo;
mas, si le traigo conmigo,
¿cómo puedo de él aquí
apartarme, siendo así
que de monstruo tan terrible   1480
escaparme es imposible
si no le aparto de mí?
¡Ay, Natalio, ay dulce esposo!
Si en tan injusta mudanza

apenas perdón alcanza   1485
delito tan afrentoso,
vengativo y riguroso
cobra tu perdido honor;
no me perdones, señor,
porque una mujer honrada   1490
no puede ser disculpada
en sacrilegio de amor.
Válgame Dios, ¡que turbara
mi quietud y mi sosiego
un monstruo, y tan poco fuego   1495
mi honestidad abrasara!
¿Con qué ojos, con qué cara
miro al cielo, sin ninguna
luz del Sol, que en oportuna
ocasión ponerle vi?   1500
Y, ¿qué fuera, ay Dios, de mí
si no saliera la Luna?
En los montes viviré,
que no saben mi pecado,
mas nada al cielo hay callado,   1505
¿qué es esto que aquí se ve?
(Lee:)   «Teodora adúltera fue»,
dicen los árboles ya.
¡Válgame Dios, que aun acá
mi pecado no se ignora!...   1510
«Adúltera fue Teodora»
también aquí escrito está.
Sin duda que en cada pie
traigo estampado el delito,
y que no habiéndole escrito   1515
en el arena se ve.
«Teodora adúltera fue»,
también en el agua está.

68

Lámina el arroyo es ya
mas, para epitafios tales   1520
son diamantes los cristales,
y así diamante será.
Huir de mí misma quiero,
que el mayor contrario soy
que tengo, y mirando estoy   1525
el triunfo más verdadero.
Este es convento, y espero
en él, admirando el ser,
sin dejarme conocer,
con nuevo espíritu y nombre   1530
hacer penitencia de hombre
pues pequé como mujer.
Así, Luna soberana,
pienso ver de vuestro Sol
el prometido arrebol   1535
en apacible mañana
que si llorando se gana,
yo haré que tales estén
mis ojos, que lluvias den
al alma que se desagua,   1540
pues dicen que el Sol y el agua
parecen juntos muy bien.
   Notable imposible emprendo;
éste es el cordel.

(Toca la campanilla y sale un Monje del Carmen Descalzo.)

Monje   Deo gratias.   1545

Teodora   Por siempre, padre bendito.

Monje   ¿Quién a tales horas llama

	interrumpiendo el silencio	
	que todos los padres guardan?	
Teodora	Un mísero, que a Belén	1550
	de Babilonia se escapa.	
	Vuestra Reverencia diga	
	al Padre Abad, que le aguarda	
	un afligido mancebo.	
Monje	Será imposible que salga,	1555
	porque a estas horas, señor,	
	cerrar las puertas nos manda	
	del convento.	
Teodora	Pues, ¿por qué?	
Monje	Porque de los montes bajan	
	con las sombras de la noche	1560
	fieras que nos despedazan	
	sin poderlo resistir,	
	porque acá no usamos armas.	
	A Reci, antes que anochezca,	
	que es la aldea más cercana,	1565
	de aquí se vaya esta noche	
	y vuelva por la mañana.	
Teodora	Padre, no me he de ir de aquí	
	si no me oye dos palabras	
	el Padre Abad.	
Monje	¿Y las fieras?	1570
Teodora	Otras hay en mis entrañas	
	y hallando otra fiera en mí	

me volverán las espaldas.
Vaya, por amor de Dios.

Monje   Temo enojarle.

Teodora   Esto haga
en caridad.

Monje   Yo voy.

(Vase.)

Teodora   Diga   1575
que aquí un pecador le aguarda,
que sube a Jerusalén
de los llanos de Samaria.
Las que virtuosas sois,
las que vivís bien casadas,   1580
tomad escarmiento en mí,
y mirad cómo se paga
la ofensa de un buen marido.

(Salen el Abad y el Monje.)

Abad   ¿Quién llama?

Teodora   Gloriosas canas,
grave y divina presencia,   1585
Padre, a su túnica parda
vengo a ampararme del mundo,
bestia de siete gargantas,
Soberana vocación
es la mía, Dios me llama   1590
a su cielo, Padre, vengo;

	las puertas del cielo me abra,	
	servir a los monjes quiero:	
	haga cuenta que en la casa	
	un can doméstico soy,	1595
	contento con las migajas	
	de las mesas del convento,	
	con servir, que esto me basta.	
Abad	Levante, hermano, del suelo.	
Teodora	No haré, si no me levanta	1600
	vuestra caridad por hijo.	
Abad	Son negocios que se tratan	
	éstos, con mayor espacio	
	y con mayor vigilancia,	
	porque los preceptos son	1605
	de nuestro gran Patriarca	
	y sagrado Padre, Elías,	
	muy rigurosos, por tantas	
	penitencias y peligros	
	que los religiosos pasan;	1610
	si de nuestra religión	
	institución soberana	
	no fuera, en nuestra clausura	
	esta noche le hospedara,	
	que es imposible que hombre	1615
	seglar, voto que se guarda,	
	de noche se quede en ella.	
Teodora	Padre nuestro, de sus plantas	
	no me he de apartar, perdone.	
Abad	Suelte, hermano.	1620

Teodora	Que me vaya
	no espere.

Abad	¿Hay tal tentación?
	Suelta la túnica, aparta.

Teodora	Tal crueldad se usa conmigo

Abad	Cierre esa puerta, Deo gratias,
	si es demonio cierre, padre.	1625

(Vanse los padres.)

Teodora	Aquí me ha de dar el alba
	de esta suerte, aunque las fieras
	desciendan de las montañas y
	unas armadas de trompas
	y otras de sangrientas garras,	1630
	que hallando otra fiera en mí
	me volverán las espaldas.

(Vase, y salen Lesbia y Fidelfo.)

Lesbia	¿Que al fin te vas?

Fidelfo	Desesperado y loco
	a buscarla por montes desiguales,
	porque todo remedio, Lesbia, es poco	1635
	en tantas penas y tan graves males;
	a furias del infierno me provoco,
	si tales son las furias infernales;
	mas, si el infierno del amor se ha hecho
	mayores son las que infundió en mi pecho.	1640

73

Nunca, Lesbia enemiga, me pusieras
a Teodora en las manos; nunca, ingrata,
tan fiero engaño por mi mal hicieras,
si es su remedio ahora el que me mata.

Lesbia   ¿Tal galardón me das?

Fidelfo   ¿Tal premio esperas?   1645

Lesbia   ¿Finos diamantes son cándida plata?

Fidelfo   Puesto que la traición se estima, es ésta
la paga de un traidor.

Lesbia   Gentil respuesta.

Fidelfo   Eres mala mujer, pues me has quitado
de ver la más honesta y la más buena,   1650
que el placer que me diste fue soñado,
para darme, sin él, despierta pena.
Más la quisiera ver no siendo amado,
que gozada, viviendo de ella ajena.

Lesbia   ¿Tan mala soy?

Fidelfo   Ninguna a ti se iguala   1655
y en ti verás cuál es la mujer mala.

(Vase.)

Lesbia   Este premio ofrece siempre
amor por los beneficios,
mas yo sola quise ver
logrado el intento mío.   1660

A Natalio quise bien,
fuese enojado conmigo
a Menfis, de donde así
casado a mis ojos vino,
con Teodora, que también   1665
con sus padres había ido
a ver entre sus grandezas
los dos milagros egipcios.
Turbé su paz, envidiosa,
tiranía que amor hizo,   1670
y ahora desengañada
en mis locuras prosigo,
que, pues Teodora se fue,
ha de ser Natalio mío,
aunque pese al cielo abierto   1675
la furia de sus abismos.
Éstos sus criados son:

(Salen Hemo y Lipsio.)

                              ¿qué hace Natalio?

Hemo   El juicio
ha perdido; sin hablar,
suspenso a cuanto decimos   1680
se enternece.

Lesbia   ¿Y qué hace ahora?

Hemo   Que vengamos a vestirlo
aguarda, ¿quiéresle ver?

Lesbia   Después que se haya vestido
le quiero hablar.

Hemo	Pues ya sale.	1685

Lesbia   Si sale, yo me retiro.

(Vase, salen Natalio y Músicos.)

Hemo   Señor, supuesto que el llanto
es de desdichas alivio,
no ha de ser tan riguroso   1690
que acaba cuando es contino,
Ponte el sombrero y la capa.

Lipsio   Ya le tenemos vestido;
ahora le divirtamos.

Músico   Bien dices. En este sitio,   1695
señor, infinitas veces
me acuerdo de haberte visto
en los brazos de Teodora.

Natalio   No me matéis, enemigos,
que son contentos pasados   1700
de la memoria martirios.
Dejadme solo, dejadme
dar voces.

Hemo   Acabó en gritos
su silencio.

Natalio   ¿Aquí os estáis?
Dejadme entre mis suspiros,   1705
dejadme solo. Volved,
cantad los versos que hizo

	Clarindo al papel de ayer.	
Músicos	Serás luego obedecido.	
	Ya, señor, los instrumentos	1710
	tenemos apercebidos;	
	deja que a templar los vamos.	

(Siéntase Natalio.)

Natalio	Si el templar disgusto ha sido,	
	templad aquí, pues sabéis	
	que son mayores los míos.	1715
(Cantan.)	«La religiosa casada,	
	para vivir más segura	
	de las lisonjas del tiempo,	
	santas soledades busca.	
	Y al partirse el alma amante,	1720
	si hay en dos casados una,	
	así escribe con la media	
	y es la tinta sangre suya.	
	Púsoseme el Sol,	
	salióme la Luna,	
	¿quién creyera, Natalio,	1725
	tan gran ventura?»	

| Natalio | ¿Quién ha visto, Teodora, | |
| | noche más oscura? | |

| Lipsio | Señor, vuélvete a sentar, | |
| | que hablas con el viento a oscuras. | 1730 |

| Natalio | ¿No estaba aquí mi Teodora? | |

| Lipsio | No, señor. | |

Natalio	Volveré a cantar.	

(Sale un criado con un papel.)

Criado	¿Sois Natalio?	

Natalio	Tal estoy	
	después que el alma perdí	
	que apenas yo sabré aquí	1735
	decir si Natalio soy.	

Criado	Si lo sois, hablar quisiera	
	con vos a solas.	

Natalio	¿Hablar	
	conmigo?	

Criado	Dénos lugar.	

Natalio	Hola, salíos allá fuera.	1740

(Vanse los criados.)

	¿Qué mandáis?	

Criado	Este papel	
	traigo de Teodora bella.	

Natalio	¿Cuándo estuviste con ella?	

Criado	Abridlo y sabréislo de él.	

Natalio	Aquí hay un renglón no más	1745

de su letra para mí.

Criado   ¿Cómo dice?

(Vase.)

Natalio   Dice así:
(Lee:)   «Hoy, Natalio, me verás.
                          Tu Teodora.» Dónde está
                          no escribe, y saberlo quiero   1750
                          de vos. Fuese. ¡Caballero,
                          caballero!

(Salen los criados.)

Hemo   Voces da
                          Natalio.

Natalio   Tened, llamad
                          al hombre que aquí quedó.

Hemo   No salió por aquí.

Lipsio   No   1755
                          le he visto.

Natalio   Voces le dad,
                          ¿a qué aguardáis?

Lipsio   Son al viento.
                          Pues de él os calzad los pies.
                          Corred.

Hemo   Que un loco haga tres

| | no es mucho, si no hace ciento. | 1760 |

(Vanse los criados.)

Natalio	¿Hay nueva más venturosa?
	Aunque el papel toco y veo,
	no lo creo, no lo creo.
	¡Que hoy a mi Teodora hermosa
	he de ver!... Sin seso estoy.	1765
	«Hoy, Natalio, me verás»,
	me dice. No quiero más
	sino verla, y morir hoy.

(Aparece en lo alto Lesbia, cantando en la maroma.)

Lesbia	«La bella casadilla
	que a media noche se fue	1770
	de los brazos de su esposo
	como liviana mujer.»

| Natalio | ¿Quién tales locuras canta? |

| Lesbia | Yo las canto. |

| Natalio | Tú has de ser |
| | la causa de mi mal siempre. | 1775 |

Lesbia	Sí, que está en tu mal mi bien.
	Mi intento es que de este agravio
	te vengues, si a Troya ves
	llorar en pardas cenizas
	un agravio y un desdén.	1780
	Ten honor, si eres marido,
	ten celos, si quieres bien,

olvídala con amarme,
paga con aborrecer,
a quien te agravia y olvida   1785
que esto es honra y valor es.
Yo te busco, ella te huye,
yo te adoro, ella cruel
te deja, mira a quién debes
amar y favorecer.   1790

Natalio   ¿Yo he de agraviar a mi esposa?
                 ¿Yo a mi Teodora ofender?
                 ¿Yo enlazarme en otro cuello?
                 Rayos caigan sobre aquel
                 que me dividió del suyo,   1795
                 seguro jamás esté
                 en tierra, en agua ni en viento,
                 aves le maten en él,
                 y en la tierra y en el agua
                 fiera airada y voraz pez.   1800

Lesbia   Pues ya, ingrato, que me apuras,
                 te quiero dar a entender
                 quién es Teodora.

(Teodora al otro lado de la maroma.)

Teodora   Teodora
                 te dirá, esposo, quién es
                 algún día, y a esta fiera,   1805
                 por fiera la llevaré
                 a los montes.

(Vuelan.)

Lesbia	Muerta soy.

Teodora	Ya, esposo, te vine a ver.

Natalio	Aguarda esposa, señora.
	¿Tan presto te escondes? Ven

                                                    1810

a consolar a este triste
si quieres que vivo esté.

(Vase, y sale Zurdo de fraile, con una bota debajo.)

Zurdo

Con nombre de caballero
en el monasterio estoy,
donde me finjo que soy   1815
un santo, siendo embustero.
Con que les doy a entender
que no duermo y que no como,
y de cuando en cuando tomo,
hartándome de beber   1820
con mil tragos importunos.
Ciertos lobatos, que son
éxtasis de la oración
o arrobos de los ayunos,
el santo Zurdo me dicen,   1825
sin que éstos echen de ver
que un zurdo no puede ser
santo, aunque le canonicen.

(Va sacando, y come, y bebe.)

Este es mi cilicio, y son
aquestas mis disciplinas: 1830
mezclar aquestas espinas
con vino, carne, y jamón

procuro, mientras están
en silencio los hermanos,
que azotes tan inhumanos   1835
así mis tripas se dan.
Así, jumento, es razón
que os trate fray Zurdo, así
me lo pagaréis a mí,
con azotes de jamón,   1840
y con cilicio de vino.

(Bebe.)   Aún estáis rebelde y fiero,
otro ciliciazo espero
echaros, que así imagino
domaros.

(Salen los dos Frailes.)

Monje   Padre, aquí está   1845
                       azotándose el hermano.

Abad   Es un santo.

Monje   Caso es llano
                       que luego se arrobará.

Zurdo   Si me ha visto... esconder quiero
                       el cilicio y disciplina.   1850

Monje   Con qué modestia divina,
                       aunque turbado y severo,
                       escondió los instrumentos
                       de su martirio.

Abad   No son,
                       Padre, ni es justa razón,   1855

	para todos los momentos	
	las penitencias.	

Zurdo   Estragos
              estos del demonio son,
              y así en cualquier ocasión
              me parecen bien los tragos.   1860

Abad   Padre, en virtud de obediencia
              vaya a comer.

Zurdo   ¿Yo, a comer?
              Bástame, Padre, beber
              la mirra de penitencia.

Abad   Pues váyase pronto.

Zurdo   Hará   1865
              fray Zurdo lo que le manda,
              mas si el cuerpo se desmanda,
              unos traguitos habrá
              que aún quedan en el cilicio.

(Vase.)

Monje   Es un varón ejemplar.   1870

Abad   Hasta en esto quiere dar
              de que es caballero indicio.
              En fin, Padre, recibí
              aquel mozo que hace días
              con sollozos y porfías   1875
              de rodillas puesto vi.
              Que del convento a la puerta

sin temor quedó aguardando
las fieras, con esto dando
señal de que ha sido cierta   1880
y santa su vocación.
En nuestro convento ha estado,
y ahora he determinado
probarle en esta ocasión
tan peligrosa, como es   1885
ésta de pedir el pan,
que las eras donde están
en escuadrón descortés
hombres y mujeres juntos,
a donde los pensamientos   1890
se enflaquecen por momentos,
y el pecar crece por puntos.

(Sale Teodora de fraile.)

Teodora   Déme vuestra caridad
                   a besar sus santos pies.   1895

Monje   En el rostro un ángel es.

Abad   Si lo que dice es verdad,
                   Padre, ahora lo veremos,
                   levante, hermano Teodoro.

Teodora   Déme esos brazos que adoro.

Abad   Los brazos sí le daremos.   1900
                   Tome, hermano, el jumentillo,
                   y a Reci vaya a pedir
                   el pan que ha visto salir
                   de los rigores del trillo.

	Mire cómo en sus espigas	1905
	se profana su tesoro,	
	y ellos con tanto decoro	
	salen con tantas fatigas	
	a darle vida y sustento;	1910
	así, hermano, debe hacer	
	el buen religioso, y ser	
	en obras y en pensamiento	
	oro puro y trigo puro.	
	No tengo más que advertir,	1915
	mozo es, y sale a pedir.	

Teodora   Con Dios, Padre, voy seguro,
        benedicite.

Abad   El Señor
        le bendiga, y haga un santo.

Teodora   Solo puede hacer Dios tanto,
        que soy muy gran pecador.   1920

(Vanse, y salen Alcina, Clarindo, Salucio y Anfriso, y Gerardo, labrador, y cante
      uno:)   Cuando la segaderuela
        con los segadores anda
        las espigas de oro
        en sus manos blancas   1925
        parecen de plata.

(Sale Lesbia.)

Lesbia   Impensadamente así
        entre estos montes me veo,
        donde reconozco y creo
        que a una inocente ofendí.

	Por los aires me ha traído	1930
	Teodora, de los cabellos,	
	desvaneciéndome en ellos	
	porque quise a su marido.	
	Descubríle mi maldad,	
	y sin saber dónde estoy	1935
	ciega por los montes voy	
	que castigan mi maldad.	
	Sedienta vengo y cansada,	
	éste es el Nilo, en él quiero	
	mitigar la sed, yo muero	1940
	justamente castigada.	

(Vase.)

Salucio   Caso extraño, un cocodrilo
                 en el río se tragó
                 una mujer que llegó
                 a beber.

Clarindo   Beba en el Nilo   1945
                 un mal casado.

Alcina   Mujer
                 miserable y desdichada.

Salucio   Si hay tanta mujer sobrada
                 falta ninguna ha de hacer.

Alcina   ¿Eso dices?

Salucio   Eso digo.   1950
                 ¿Qué más abundancia quieres
                 de necios y de mujeres?

Alcina	Es de sí mismo enemigo	
	quien las quiere mal.	
Salucio	Malditas	
	sean todas.	
Alcina	Tú lo seas,	1955
	y ellas no.	
Salucio	Viejas y feas,	
	pues son, Alcina, infinitas,	
	caigan con mi maldición	
	en un tormento cruel.	
Gerardo	Clarindo, monje es aquél.	1960
Anfriso	Aquestos vigardos son	
	más dignos de estar así.	
Clarindo	¿Quieres que al Nilo lo echemos?	
Anfriso	Muera el vigardo.	
Clarindo	Cantemos	
	y déjame hacer a mí.	1965
Anfriso	Irá al cocodrilo.	
Clarindo	Vaya.	
Alcina	No, que es lindo el frailecillo	
	y tiene muy buena cara.	

Clarindo	Pues por eso ha de ir mejor.
Alcina	Crueldad es darle sin causa 1970 la muerte.
Anfriso	¿Ya eres piadosa?
Alcina	Pues, ¿cuándo yo he sido ingrata?

(Entra Teodora.)

Teodora	Porque es justa la obediencia, hermanos, venir me manda a pedir la caridad. 1975
Anfriso	Pues el padre nos la haga.
Teodora	¿En qué?
Anfriso	En traernos del Nilo este cantarillo de agua.
Teodora	Sea muy enhorabuena.
Alcina	¡Con qué humildad, con qué gracia 1980 dijo de sí el frailecillo!
(Aparte.)	(Ya le estoy rindiendo el alma.)

(Vase Teodora.)

Alcina	No vayas, detente, aguarda.
Anfriso	Sin temor llega a la orilla, y bendiciendo a las aguas 1985

89

por ellas el cocodrilo
sale a postrarse a sus plantas.

Salucio   Bravo prodigio.

Anfriso   Admirable.

Clarindo   Sobre la escamosa espalda
                 se ha puesto el fraile de pies,   1990
                 y con humildad le pasa
                 de esotra parte del río.

Gerardo   Santo parece, que en andas
                 procesiones de cristal
                 le llevan.

Clarindo   Ya en la otra banda   1995
                 se encubre.

Salucio   Es santo varón.

Gerardo   Cuando vuelva, en vez de vaya,
                 himnos dulces le cantemos
                 y gloriosas alabanzas.

Anfriso   Por los religiosos Dios   2000
                 en él vuelve.

Clarindo   Son el arca
                 que abrasó los sacerdotes
                 cuando quisieron tocarla.

Salucio   Ya vuelve, y vuelve con él
                 la mujer.

Alcina	Grandeza extraña.	2005
	Ya estoy perdida por él.	
	¡Qué fuego infernal me abrasa!	

(Salen Teodora y Lesbia.)

| Lesbia | Dame a besar esos pies. | |

Teodora	A Dios le debes las gracias	
	de este suceso, que a mí,	2010
	mujer, no me debes nada,	
	aunque de lo que me debes	
	es infinita la paga.	
	Dios, para hacer penitencia	
	te ha traído a esta montaña;	2015
	llora en ella tu desdicha,	
	pues a una honesta casada	
	adúltera hiciste ser	
	por una torpe venganza.	

| Lesbia | ¿Quién eres, varón divino, | 2024 |
| | que del infierno me sacas? | |

Teodora	Un ofendido de ti,	
	que de ti se desagravia	
	haciéndote bien.	

Lesbia	Confieso	
	que soy la mujer más mala	2025
	del mundo, y prometo a Dios,	
	Padre, de no hablar palabra	
	hasta que a Teodora vea	
	de su culpa perdonada,	

	penetrando de estos montes	2030
	las más incultas entrañas,	
	cortando en racimos de oro	
	los dátiles a las palmas,	
	su pórfido a los majuelos	2035
	y a los madroños su nácar.	

(Vase.)

Teodora   Vete con Dios, y tú, horrenda
                 bestia, las entrañas rasga
                 y muere, porque no ofendas
                 a la gente.

Alcina   ¿A quién no espantan   2040
                 tan milagrosos sucesos?

Clarindo   Envuelto en su sangre nada
                 el cocodrilo, tirando
                 el Sol diluvios de escamas.

Teodora   Ya, hermanos, les traigo aquí
                 el agua.

Clarindo   Dénos sus plantas,   2045
                 pues vemos que Dios así
                 a los humildes levanta
                 y a los soberbios castiga.

Teodora   Hermanos, de esto que pasa
                 a Dios se ha de dar la gloria.   2050

Clarindo   Padre nuestro, aquesta parva,
                 que así en pirámides de oro

hasta el cielo se levanta,
desde hoy es suya, al convento
la lleve toda.

Teodora   La carga   2055
de mi jumentillo sobra.
Yo me voy.

Alcina   Pues cuando salga
por azucenas y rosas
el flamante Sol mañana,   2060
del montón más rubio y bello
que lluvias de oro retrata
la escogerá, y pues la noche,
vestido de sombras pardas
forman las sombras que fingen   2065
gigantes que al mundo espantan,
venga a cenar con nosotros,
y luego mullida cama
sobre las crespas gavillas
le haremos.

(Aparte)   Enamorada
y perdida estoy por él.   2070

Teodora   A mí por rezar me falta
parte de mis oraciones,
y los que la regla guardan
del gran celador Elías,
solo legumbres amargas   2075
una vez al día comen,
y así cenando quebrara
el precepto; yo haré aquí
después cama de estas pajas.

Clarindo	Alto pues, vamos nosotros	2080
	a cenar y a echamos; canta	
	tú, Alcina, y responderemos.	

Alcina	En el sayal dejo el alma,	
	que es el frailecillo bello	
	como un oro, mas cobrarla	2085
	pienso cuando duerman todos,	
	porque en el alma más casta	
	la mujer es como aceite,	
	que en llegando deja mancha.	
(Canta.)	«Cuando la espigaderuela	2090
	con los segadores anda,	
	las espigas de oro	
	en sus manos blancas	
	parecen de plata.»	
	Vanse y queda Teodora	

Teodora	Lisonjas del sueño son	2095
	estas gavillas, que guardan	
	granos de rubís sangrientos	
	en conchas de limpio nácar.	
	Booz, dueño en las espigas,	
	halla a aquesta Rut templanza	2100
	para que cogerlas pueda	
	más segura y más cansada.	
	Oh, noche negra, en tu manto	
	se confía mi esperanza	
	para que me ausente, libre	2105
	de seguras acechanzas.	

(Sale Alcina.)

| Alcina | Ya quedan todos dormidos, | |

y loca y desesperada
vengo a emprender imposibles,
que en amor tal vez se alcanzan.   2110
Sepultado está en silencio
el mundo, y mal dibujadas
las estrellas, no descubren
sus epiciclos de plata.
Imagen es esta noche   2215
de aquella que vio engañada
Teodora, su honor perdido,
que la noche es puerta falsa
de adulterios y traiciones
que el pecho más noble infama.   2120
Cerca estoy de dar con él,
que aquí pienso que descansa.
Llamaréle con silencio
Padre, Padre...

Teodora   ¿Quién me llama?

Alcina   Una mujer afligida.   2125

Teodora   ¡Válgame Dios!

Alcina   ¿Qué? ¿Te espantas
de una mujer?

Teodora   De una sierpe
llena de veneno y rabia,
de un rinoceronte libio
ni de un león me espantara,   2130
y de una mujer me espanto
resuelta y determinada,
porque es más fiera que monstruo,

sierpe, tigre y León de Hircania.

Alcina   ¿Eso dices?

Teodora   Esto digo.   2135

Alcina   Entre mis brazos descansa,
                          pues no hay nadie que nos vea.

Teodora   Aparta, enemiga, aparta,
                          que a estas horas salir puede
                          el Sol, y volver la espalda   2140
                          al pecador que le ofende,
                          y no habrá Luna que salga.

Alcina   ¿Tan buena ocasión desprecias?
                          Dame esas manos que abrasan
                          siendo de nieve.

Teodora   En las tuyas   2145
                          te quiero dejar la capa,
                          y si es toro el apetito,
                          en ella sus golpes haga.

(Deja la capa y vase.)

Alcina   Espera, enemigo, espera.
                          ¿Hay tal desprecio, hay tal rabia?   2150
                          Ya es odio mi loco amor,
                          y mi deseo es venganza.
                          Dar voces quiero, diciendo
                          a la gente de mi casa
                          que este ingrato me ha forzado,   2155
                          que castiguen su arrogancia.

Que así mi delito encubro,
y, pues me siento preñada
del zurdo que me engañó,
le doy crédito a mi fama.   2160
Salucio, Anfriso, Clarindo,
segadores, gente hermana.

(Salen todos.)

Clarindo   ¿Qué tienes? ¿De qué das voces?

Alcina   Es veneno en mí la infamia:
                  el fraile, el santo, el fingido,   2165
                  el que aquí durmiendo estaba
                  me engañó, y poniendo el fiero
                  las manos en mi garganta,
                  y sus labios en mi boca,
                  mi honestidad limpia y casta   2170
                  profanó, y esta señal
                  me dejó; mirad si es causa
                  de dar voces.

Clarindo   Muera el fiero,
                  si en los abismos se escapa.

Salucio   ¿Hay tal maldad? ¿Quién tal obra   2175
                  creyera de sus palabras?

Clarindo   Muera este santo fingido,
                  que a las mujeres engaña.

Alcina   Aun más adelante pienso   218
                  pasar con esta venganza,
                  que una mujer es demonio

cuando la ofenden y agravian.

Fin de la segunda jornada

Jornada tercera

(Salen Teodora y Zurdo, de donado y gracioso.)

Teodora	Dice Dios, no quieras ser	
	como el hipócrita triste;	
	ilustra tu ingenio y viste	2185
	tu espíritu de placer.	
	Unge tu cabeza cuando	
	ayunes, y así sería	
	bien que de la hipocresía	
	con que se está condenando	2190
	se desnude, y mire, hermano,	
	que a sí se engaña, no más,	
	y pues no ayuna jamás,	
	no quiera, hipócrita y vano,	
	dar a la gente a entender	2195
	que es santo; enmiende su vida,	
	que su santidad fingida	
	un infierno viene a ser	
	cubierto de cielo.	
Zurdo	Hermano	
	fray eunuco, o fray capón,	2200
	que estos zarandajas son	
	del mundo, y mundo en lo vano.	
	¿Él a fray Zurdo se atreve?	
	¿Hay tan gran profanidad?	
	¿Mácula en mi santidad,	2205
	un fray Tiple? Su voz mueve	
	sin duda alguna Legión	
	de satanases capados,	
	pues dicen que desbarbados	
	todos los demonios son.	2210

¿Yo hipócrita? ¿Yo, que ayuno
todos los días? Estoy
hasta que azotes me doy
sin apiadarme ninguno.
Yo, que perpetuo cilicio   2215
traigo sobre el corazón,
cuyas fieras cerdas son
los tragos de sacrificio.
Ya me aburro y me confundo,
sacrílega lengua; en mí   2220
vuelvan por su santo aquí
todos los zurdos del mundo.
Jesús, Jesús, más valiera
pues que sabemos que fue
su hermana adúltera, que   2225
a ella la reprendiera,
sin gastar el tiempo aquí
en maldicientes porfías
reprendiendo faltas mías.

Teodora   Mi pecado es contra mí,   2230
que es limpio cristal en quien
se mira patente y clara,
que en mirándole a la cara
se ve el delito muy bien.
Cese su injusta querella;   2235
yo confieso que mi hermana
fue, como dice, liviana,
mas tan trocada ha de vella
de la culpa que le da,
que la que fue sin decoro   2240
Teodora, sin ser Teodoro,
un nuevo Teodoro es ya.
Y ahora, para que vea

que es su santidad fingida,
saque toda la comida   2245
de las mangas, con que afea
nuestra santa religión.

(Sáquele del pecho y mangas, rábanos, pan, fruta, queso y una bota.)

Zurdo   Deo gratias, que me profana.

Teodora   ¿Con estos azotes gana
                    el cielo? Mas, la ración   2250
                    de casa no es tan cumplida
                    como aquesa, y ¿quién le ha hecho
                    ese cilicio del pecho?
                    Gran varón, ejemplar vida.

Zurdo   La sardina es apetito,   2255
                    el rabanito y el queso
                    todo el mundo traen en peso;
                    el pan siempre fue bendito.
                    La aceituna siempre fue
                    discreta y apetitosa;   2260
                    el jamón es santa cosa;
                    y lo demás que aquí ve
                    Dios lo crió para el hombre.
                    El vino, del cielo vino,
                    y si esta vida es camino   2265
                    de la gloria, no se asombre
                    que de bota me prevenga
                    para caminar por él.

(Entran el Monje y el Abad.)

Monje   Padre, Teodoro es aquél.

Abad	Camine, no se detenga.	2270
	Deo gratias, ¿qué es esto?	
Zurdo	Son	
	prevenciones de Teodoro,	
	que con tan poco decoro	
	macula la religión.	
	Esto en las mangas traía,	2275
	y como de un mes acá	
	espíritu Dios me da	
	de sagrada profecía,	
	sabiendo tan gran maldad	
	quise hacer esta experiencia.	2280
	Una grande penitencia	
	le dé Su Paternidad.	
	Que yo con este cilicio	
(Mirando a la bota.)	mis carnes apretaré	
	por él, y a azotes haré	2285
	mi digno y piadoso oficio,	
	hasta que, peinadas canas,	
	publiquen mis devociones.	
	porque todos los capones	
	son calabazas humanas.	2290
Abad	¡Oh, varón perfecto y santo!	
	Solo él descubrir pudiera	
	tal engaño y tal quimera.	
	Lleve de aquí monstruo tanto,	
	que mirarlo desatina.	2295
Zurdo	¿Que en las mangas le cupiera	
	tanto Pan, tal rabanera!	
	Mas enfermo de la orina	

el padre debe de ser

(Toma la bota, y bebe y escupe)

¿Ésta es agua? ¿Hay desatino   2300
mayor? Pues vino es! Que vino
se atreva un monje a beber
fuera de su refectorio!
Gran pecado, gran pecado.
Éste que bebí engañado,   2305
pagaré en el Purgatorio
con mis lágrimas.

(Vase Zurdo llevando todo lo que sacó de la manga Teodora, y la bota.)

Abad   ¿Es esta
su vida contemplativa,
y aquella humildad altiva,
y compostura modesta   2310
que en todas las ocasiones
de casa finge? ¡Ah, Teodoro,
Teodoro!... ¡Qué mal el oro
dio muestra en sus invenciones
de la virtud! Coma un mes   2315
en tierra lo que le echaren
de las sobras que dejaren
los Padres, a quien después
darán una disciplina
cada día.

(Hasta aquí ha estado cabizbaja Teodora.)

Teodora (De rodillas.)   Yo confieso   2320
mi pecado. Sé el proceso,

Padre, que Dios me fulmina;
de la penitencia estoy
contento y agradecido.
Por el regalo le pido   2325
los pies, confieso que soy
el más malo de la tierra.

Abad   Levante.

(Sale Zurdo de rodillas.)

Zurdo   En cobro dejé
                        las legumbres que llevé.

(Sale Alcina con un niño envuelto en la capa blanca de Teodora, y los villanos.)

Alcina   Castíguese así el que yerra.   2330

Zurdo   Ésta es Alcina, y aquí
                        se descubre mi maraña.

Alcina   Monstruo soy de esta montaña.

Zurdo   Yo quiero encubrirme así.

(Vuélvese de espaldas.)

Alcina   ¿A dónde está el Padre Abad?   2335

Abad   Yo soy.

Zurdo   No la crea nada,
                        porque viene endemoniada.

Alcina	Oiga, Padre, la maldad
	más bruta que ha sucedido
	en religioso jamás. 2340
Zurdo	Zurdo, en tentación estás
	si Alcina te ha conocido.
Alcina	Yo soy, Padre Abad,
	la que en estos montes
	fue entre sus zagalas 2345
	fiera de los hombres,
	y a la virgen rosa,
	que esmeraldas rompe
	cercada de espinas,
	reina de las flores. 2350
	Mas esta virtud
	y estas perfecciones,
	sacrílego, pudo
	profanar un monje.
	Llego, Padre, al fin, 2355
	cuando eran los montes
	océanos de oro,
	en ondas conformes,
	aunque profanados
	de las corvas hoces 2360
	querían que fuesen
	diluvios entonces.
	Zagales me siguen
	en coros acordes,
	suspendiendo el aire 2365
	sus canoras voces.
	Mis ojuelos negros
	parecían soles,
	dando a vidrios causa

de sus deshonores.   2370
Cuando al mar bajaba
con plantas veloces,
el Sol asombrando
nuestros horizontes,   2375
hacíamos bailes,
juegos, invenciones,
hasta que el cansancio
nos daba sin orden
cama en las gavillas,   2380
silencio en las noches.
Así descuidada
durmiendo una noche
estaba yo, Padre,
libre de traidores,   2385
cuando mi sosiego
y paz interrumpe
una voz confusa,
con halagos torpes.
Recordé alterada   2390
y quise dar voces,
mas en la garganta
las manos me pone.
Quise defenderme,
valerosa y noble,   2395
mas son más valientes
las resoluciones.
Fuime retirando
a un pradillo, a donde
redimirme pienso   2400
de mis deshonores,
mas como la yerba
el llanto recoge
del alba, y estaban

mojadas entonces,   2405
resbalé y caí,
y del fiero golpe
me hice un cardenal
tan grande y disforme,
que a los nueve meses
parí este chicote.   2410
Conózcale, Padre,
aunque nada importe
que no le conozca,
si al Dios no conoce.
Envuelto le trae   2415
su blanco capote,
porque de una vez
sus dos prendas cobre;
y porque el delito
ninguno le ignore,   2420
sepan todos que es
éste que se encoge,
(Señala a Teodora.)   éste irregular,
éste que con nombre
de santo fingido   2425
hace estas traiciones.
El padre le críe,
que yo, sola y pobre,
haré que mis ojos
en mar se transformen.   2430
Lisonjeras causas
de mis deshonores,
mas si ellos la dieron,
justo es que la lloren,
y ellos de ellos mismos   2435
la venganza tomen.

Abad	Mujer, ¿es eso verdad?

Gerardo	Nosotros testigos fuimos	
	del caso, porque acudimos	
	después que tan gran maldad	2440
	cometió, y llorando hallamos	
	a Alcina con su capote.	

Teodora	El mundo las faltas note	
	como en otros las miramos,	
	de una mujer cuando es mala.	2445
	Mas vengan persecuciones,	
	que Dios, con las aflicciones	
	me engrandece y me regala.	

Zurdo	Vuelvo en mí. Lo que hice yo	
	le echa al triste desbarbado.	2450
	¡Ah, mujeres!	

Abad	¿Que un pecado	
	tan enorme cometió?	
	¿Qué dice de esto?	

Teodora	Que soy	
	quien cometió por Alcina,	
	corriendo al Sol la cortina,	2455
	las culpas por quien estoy	
	de aquesta suerte llorando	
	por no ver ya luz ninguna,	
	aunque me salió la Luna,	
	que es la que me está alumbrando.	2460
	Y tú, maldita mujer,	
	con quien en esta ocasión	
	la prueba de Salomón	

prudente quisiera hacer,
¿cómo es posible que así   2465
arrojas al que formaste
en tus entrañas? ¿Hallaste
fiera que se iguale a ti?
¿Hay fiera más inhumana
que niegue lo que parió?   2470
¿Qué Medea te engendró,
qué Hipermestra torpe y vana?
Saturno debes de ser,
monstruo de naturaleza,
mas eres en la fiereza   2475
mujer, y mala mujer.
¿Qué infierno, di, te ha engendrado?
¿No basta, en tanto pesar
haberme hecho pecar,
sino echarme tu pecado?   2480

Alcina   Pues, ¿qué quería? ¿que yo
el hijuelo le criara,
y que mi caudal gastara?
Malos años; pues pecó
sepa el mundo su pecado;   2485
que aun el niño, que lo ignora
de avergonzado no llora.

(Aparte.)   (Lindamente me he vengado.)
Vamos, serranos, de aquí.

Teodora   Monstruo de aquestas montañas, 2490
¿la prenda de tus entrañas
te puedes dejar así?

Alcina   Su padre le amparará,
que aunque es malo, al fin es padre.

Teodora	Como es ángel, mejor madre	2495
	dirás que el Cielo le da.	
	Yo le ampararé, cruel,	
(Tómale en brazos.)	por ti.	

Alcina	Quien hizo el cohombro	
	es bien que le lleve al hombro.	
	Muy bien parece con él.	2500

Clarindo	Esa limosna cogió,	
	padres, el monje en las parvas.	
	No es eunuco, aunque sin barbas.	

| Alcina | Por mi mal lo supe yo. | |

(Vanse Alcina y villanos.)

Abad	¡Que tan enorme maldad	2505
	cometiese un religioso!	
	Que salga luego es forzoso	
	de nuestra comunidad,	
	y no diga que de Elías	
	es hijo monje tan malo.	2510

| Teodora | Perder tan grande regalo | |
| | lloraré noches y días. | |

Abad	La capa, y blanca capilla	
	y escapulario le quiten,	
	que esas prendas no permiten	2515
	alma que el vicio amancilla.	
	Baje del Carmelo a Ebrón	
	el que en las maldades crece,	

	que ser hijo no merece	
	de tan santa religión.	2520

(Vase.)

Monje	¡Que era su virtud fingida,	
	que era su apariencia engaños,	
	hipócrita de los años	
	y la penitente vida!	
	¿Quién pensara igual maldad?	2525
	Pero, ¿qué más clara prueba,	
	si así el testimonio lleva	
	de su poca santidad?	
	No hay disculpa que le cuadre,	
	mire que tan malo ha sido	2530
	que aun el niño está corrido	
	de tener tan torpe padre.	
	La tierra de promisión	
	pierda el que el becerro ofrece	
	que ser hijo no merece	2535
	de tan santa religión.	

(Vase.)

Zurdo	No me reprenda ahora	
	el padre calvo de cara,	
	mas, ¿qué mucho, que imitara	
	así a su hermana Teodora?	2540
	Vaya el fingido capón,	
	que gallo al mundo parece,	
	que ser hijo no merece	
	de tan santa religión.	

(Vase.)

111

Teodora	A ti, Señor, clamé de los profundos,	2545
	escucha la voz mía,	
	pues eres en dos mundos	
	dueño del breve y del eterno día,	
	donde el Sol que le asombra	
	dilatado a tus pies sirve de alfombra,	2550
	con bordados de estrellas	
	pareciendo la Luna plata en ellas.	
	No te llamo por mí, que mi pecado,	
	soberano Dios mío,	
	de Sión me ha sacado	2555
	a llorar en las márgenes del río	
	mi cautiverio triste,	
	que un pecador en Babilonia asiste,	
	para que mi pecado,	
	sí cometido mal, sea bien llorado.	2560
	Por este ángel te llamo, que he querido,	
	si esa voz me socorre,	
	ser como el retraído,	
	que asaltado y cercado en una torre	
	con un niño pretende	2565
	aplacar la Justicia que le ofende.	
	Y así, en daño tan claro,	
	con el Señor, de tal rigor me amparo.	
	Que hubiese monstruo atroz, que hubiese fiera	
	de tan torpes hazañas	2570
	que el alma aborreciera	
	que dulce parto fue de sus entrañas...	
	Que así un ángel peligre...	
	Más fiera es la leona, más la tigre.	
	Mas, ¿qué furia se iguala	2575
	a una mujer resuelta y en sí mala?	
	Inocente criatura,	

desamparada del calor materno,
que en aquesta espesura
os halláis sin amparo y sin gobierno,   2580
¿qué puedo hacer de vos, si mis delitos
miro en la tierra y en el cielo escritos?
¿dónde irán mis gemidos?

(Aparece en lo alto la Virgen en una canal, y Teodora se pone en otra; ha de bajar la una y subir la otra a su tiempo.)

María   A mí, que soy la Madre de afligidos.
                   De mí te acuerda en este desconsuelo,   2585
                   cuando a Herodes huía
                   con el autor del cielo,
                   amorosa mitad del alma mía,
                   llevándole en pañales
                   por montes desiguales,   2590
                   afligida y cansada.

Teodora   ¿Quién, Señora, se vio tan consolada?

María   Dame el niño y llega el pecho

(Ahora sube, y baja María.)

                   para que le infunda el mío
                   el soberano rocío   2595
                   con que quede satisfecho.

(Aquí se juntan iguales.)

                   Mi hijo podrás llamarle
                   como tuyo, pues desde hoy
                   leche, Teodora, te doy

	para que puedas criarle.	2600
Teodora	¿Qué más el niño desea,	
	si Vos la leche me dais?	
	Mas, si así le alimentáis,	
	¿queréis que hecho Dios se vea?	
	¿Quién hay que tal dicha crea?	2605
	¡Válgame Dios, qué favor!	
	¡Qué regalo, qué ventura,	
	que extrañas muestras de amor!	
	¡Que merezca la criatura	
	el sustento del Criador!...	2610
María	Queda en paz, amiga mía.	
Teodora	A la mayor pecadora	
	tal favor...	
María	El niño cría,	
	que entre estos Montes, Teodora,	
	ha de hacerte compañía.	2615
Teodora	En mi destierro confuso	
	será el ángel que me valga.	
María	Así el cielo lo dispuso	
	hasta que la Luna salga	
	con el Sol que se te puso.	2620

(Sube la canal de la Virgen y baja la otra, y cúbrense en sus puestos, y sale Lesbia vestida de pieles, y Natalio tras ella, y ella pasa alrededor y vase.)

Natalio	Aguarda, monstruo espantable,	
	que es tu resistencia poca	

a la furia de mis brazos.
Pero, vete, Esfinge hermosa,
que entre escamas y entre pieles   2625
el acento humano formas
para matar en el Nilo
a los míseros que gozas;
vete.

(Salen Lipsio y Hemo.)

Hemo   ¿Mataste la fiera?

Natalio   Era una esfinge engañosa,   2630
y ha sido milagro, amigos,
escaparme de sus roscas.

Hemo   No puede ser que sea esfinge,
que viste escamas y conchas,
y no pieles, y ésta el rostro   2635
de rubia melena adorna
y va de pieles cubierta.

Lipsio   ¿Dónde se escondió?

Natalio   Esas rocas
tan fatigadas de encinas
la encubrieron.

Hemo   Ya es forzosa   2640
la ejecución. Tú entre tanto
puedes hurtarte, a las sombras
de esos álamos gigantes,
al Sol.

(Vanse los dos criados.)

Natalio	No hallo gusto en cosa,	
	todo es eterno disgusto,	2645
	todo es eterna discordia,	
	en la soledad descanso	
	solamente, y pues a solas	
	me han dejado mis criados,	
	quiero ocupar la memoria	2650
	con mis propios pensamientos	
	y mis esperanzas locas.	
	Ay, prenda del alma mía,	
	ay simple y mansa paloma,	
	¿es posible que dos años	2655
	de tu Natalio te escondas?	
	¿Dos años solo me dejas?	
	¿Qué en dos años no conozcas	
	el nido donde viviste	
	en conformidad dichosa?	2660
	Pero pues de él no te acuerdas,	
	sin duda en otro reposas.	
	Mas, no puede ser, que fuiste,	
	entre apacibles lisonjas,	
	ave de cándidas plumas	2665
	que en las márgenes retoza	
	de este arroyo limpio y claro,	
	y en amistad tan forzosa	
	envidia de amor tirano	
	nos dividió de esta forma.	2670
	Mal haya amor, si él ha sido	
	la ocasión de esta congoja.	
	Pero, ¿qué es esto que veo?	

(Mira al suelo, y lee en la corteza de un árbol.)

116

«Adúltera fue Teodora»
dice esta verde corteza,   2675
y lo mismo dice esotra.
¡Válgame Dios, muerto soy!
Muy pública es mi deshonra,
que con almas vegetables
así los troncos me informan.   2680
¡Oh, casada fementida (Con furia)
ya no paloma amorosa,
cuervo ingrato, sí, vestida
del color de mi congoja.
¿De qué agravios, mano ingrata,   2685
te vengas de aquesta forma?,
que son venganzas cobardes
las que a la espalda se toman.
Escribieras en mi pecho,
y no en las corteza toscas   2690
de estos árboles, que así
el desdichado me nombran.
No ha de quedarme en la selva

(Mete mano, y corta los árboles furioso.)

tronco a quien fuego no ponga,
rama que no despedace   2695
y mi venganza conozca.
Caed, bárbaros testigos
(Da cuchilladas.)   de mi afrenta.

(Derriba ramas, y dice dentro Fidelfo.)

Fidelfo   Mirad, hola,
quién con espadas y voces

	nuestro silencio alborota.	2700
Mandio	Ladrones serán sin duda.	
Fidelfo	Mandio, esos caballos toma.	

Natalio

Quiero llamar mis criados,
que poco una espada corta
contra tantos enemigos, 2705
y quiero que reconozcan
en los troncos mis desdichas,
pues ellos no las ignoran.
¡Mal haya amor, si él ha sido
la ocasión de mi deshonra! 2710

(Vase entrando poco a poco, acuchillando los árboles. Salen Fidelfo, Hemo y Lipsio, sus criados, y Mandio.)

Hemo

Un hombre es, que acuchillando
está los árboles.

Mandio

                        Loca
acción. Hombre, ¿qué haces?

(Dice dentro Natalio.)

Natalio

Castigo a los que me enojan.

(Vase.)

Mandio

Entróse, no perdonando
los árboles, que destroza 2715
por lo intrincado del valle.

Fidelfo	Pues es la distancia poca,
	seguidle.

Mandio	Y será, señor,	
	imitándole en las obras.	2720

(Vanse.)

Fidelfo	Dichosas soledades,	
	lisonjeros alivios de mis penas,	
	en vosotras descanso solamente,	
	vosotras con purísimas verdades	
	para agravios de amor sois las más buenas,	2725
	que en vosotras más bien el mal se siente,	
	¡Oh, quién eternamente,	
	os gozara en mental filosofía!	
	Que es necia del amor la compañía.	
	A Menfis voy forzado	2730
	de un padre que me lleva a verme muerto,	
	desdichado de mí, que amor me tiene	
	a fieros imposibles condenado,	
	cuando es el medio del remedio incierto.	
	¡Oh dichoso desierto	2735
	para que el alma pene	
	donde de mi dolor puedo quejarme	
	sin que un necio pretenda consolarme!	
	Mas, cielos, ¿quién ha puesto	
	en este tronco el nombre de Teodora	2740
	con tan vil epíteto en su pureza?	
	Amor sería trágico y funesto,	
	que la virtud con lengua vil desdora	
	ejecutando el gusto y la torpeza.	
	¡Ay, divina belleza!	2745
	Árbol, te he de enlazar, pues como Apolo	

(Abraza el árbol.)   busco mujer, y encuentro un árbol solo.
                  ¡Ay, amante aborrecido!
               Mi triunfo te pienso hacer,   2750
               que árbol Teodora ha de ser
               como árbol Dafnes ha sido.
               Mas, gente viene. Si son
               mis criados... Esconderme
               quiero de ellos, por poderme   2755
               ganar en esta ocasión.

(Escóndese y sale Teodora sola.)

Teodora   Mirándoos, limpio cristal
               tan claro y tan transparente,
               hallé el ejemplo presente
               de mi bien y de mi mal.
               Vuestro curso es natural,   2760
               pero tal el mío ha sido
               que accidentes ha tenido
               de mi absoluta potencia,
               pues tomé tanta licencia
               para mi honor ofendido.   2765
(Mira a los árboles.)   Letras, ¿qué es lo que queréis
               cuando muerta me dejáis?
               Mucho en mi daño apretáis
               despés que mortal me veis.   2770
               Mi pecado me ponéis
               donde yo le pueda ver,
               sin duda debéis de ser
               las letras de Baltasar,
               pues que me queréis matar
               cuando yo os llego a leer.   2775
               Lloren mis ojos mi culpa,
               y así alcanzarán perdón,

que una firme contrición
será en mis males disculpa,   2780
pero si el llorar me culpa
¿cómo he de tener descargo?
Con exceso ha sido el cargo.
¿Quién pudiera en mis enojos
dar el alma por los ojos   2785
a fruto que es tan amargo?
Salgan del mar de mi pecho
en rotas y abiertas venas,
lágrimas que lloren penas
vertidas en mi provecho:
quede mi Dios satisfecho,   2790
mas si de fruto no fueron
lágrimas que no pudieron
tanta dureza ablandar,
yo las volveré a la mar,
pues que de la mar salieron.   2795

(Da vuelta un árbol, y esté en el hueco un ángel, o corran una cortina y esté encima del árbol.)

Ángel   Teodora.

Teodora   ¡Ay Dios! ¿Quién me llama?

Ángel   Yo soy, mira el monte ahora.

Teodora (Lee:)   «Santa y justa fue Teodora.»
                 También el monte me infama,
                 que inmensas mis culpas fueron.   2800

Ángel   Dios te justifica en él.

Teodora	¿Quién le ha movido?
Ángel	Con él lágrimas, ¿qué no pudieron?
Teodora	Ay, venturoso llorar, ¿qué bronces no habéis vencido? 2805
Ángel	Tus lágrimas han podido tanta dureza ablandar. Dios, sin que excusa te valga manda volverte al convento.
Teodora	¿Recibiránme?
Ángel	Al momento, 2810 porque en él el Sol te salga.

(Tocan, y vuélvese el árbol, o cúbrese.)

Fidelfo	¿Es sueño, o es ilusión de mi loca fantasía? Sin duda el cielo me envía tan soberana ocasión. 2815
Teodora	¿Hay más soberana empresa? Ay, venturosa Teodora, vamos al convento ahora.

(Sale Fidelfo y ásela.)

Fidelfo	¿Cómo, si te tengo presa?
Teodora	Ay de mí, ¿quién eres, hombre? 2820

Fidelfo	Fidelfo soy desdichado.
Teodora	¿La imagen de mi pecado quieres que otra vez me asombre? Déjame, mira que soy ya de Dios, y que Él me guarda. 2825
Fidelfo	Nunca el temor me acobarda cuando tan resuelto estoy.
Teodora	Furor del infierno es ése.
Fidelfo	Del infierno es mi penar, y a Menfis te he de llevar, 2830 Teodora, aunque al mundo pese.
Teodora	Teme a Dios.
Fidelfo	Demonio soy.
Teodora	¿Eso dices?
Fidelfo	Esto digo.

(Sale un ángel en un caballo. En un bofetón con una espada desnuda cae Fidelfo.)

Ángel	Teodora, no hay enemigo valiente donde yo estoy. 2835
Fidelfo	Muerto soy.
Ángel	Ya este gigante

te postre, ven.

Teodora   Israel
el triunfo alabe, y por él
himnos y versos te cante.

Ángel   Llevarte quiero a la puerta   2840
del convento, que a tal hora
la has de hallar con el aurora
en campos de plata abierta.

Teodora   Paraninfo soberano,
mi gloria es obedecerte,   2845
mas, ¿cómo he de ir?

Ángel   Desta suerte:
dame, Teodora, la mano.

(Dale la mano, y ásese del caballo. Suben arriba y luego vuelan, y cúbrese todo con música. Entran Mandio y Hemo, criados de Fidelfo. Él está en el suelo. Anda Fidelfo arrastrando.)

Mandio   Por la intrincada espesura
no podemos dar con él.

Hemo   Mandio, ¿no es Fidelfo aquel   2850
que al monstruo alcanzar procura
arrastrando?

Mandio   Él es, sin duda
que el monstruo le dio la muerte
y le sigue de la suerte
que ves.

Hemo   Uno al monstruo acuda,   2855
                  y otro a su remedio.

Mandio   Yo
                  sigo la fiera.

(Vase.)

Hemo   ¿Qué es esto,
                  señor? ¿Quién así te ha puesto?

(Menea la cabeza por señas, porque no puede hablar.)

                  ¿No puedes hablarme? ¿No?
                  ¿Estás herido, no sabes   2860
                  quién te derribó en el suelo?
                  ¿El cielo? ¿Cayó del cielo
                  algún rayo? ¿Antes que acabes
                  quieres llegar a un convento
                  que está muy cerca de aquí?   2865
                  ¿Sí? Pues susténtate en mí.
                  ¿Qué temes, mirando al Cielo?
                  ¿Ves alguna cosa? ¿No?
                  Sin duda que alguna hiena
                  de las que cría en su arena   2870
                  el Nilo, le enmudeció,
                  que hombre no las ve jamás
                  que el habla no pierda así.
                  Ninguno viene tras ti,
                  no vuelvas el rostro atrás.   2875
                  Ora ha pasado por él
                  sin duda, aunque amor, si dura
                  suele trocarse en locura
                  y éstos son efectos de él.

(Vanse, y sale el Abad y el Monje, y cantan dentro.)

Cantan:	Venerables padres,	2880
	pues piadosos sois	
	abridle las puertas	
	al santo varón.	

Abad	¿Quién es este justo	
	para honrarle yo?	2885
(Cantan:)	El primero que entre	
	por las puertas hoy.	

Abad	Bendito sea el que viene	
	en el nombre del Señor.	
	Padres.	

| Monje | Padre mío... | 2890 |

(Entra fray Zurdo)

| Abad | ¡Ay, mi padre! ¿Oyó | |
| | las voces del Cielo? | |

| Monje | Tras su admiración | |
| | salí de mi celda. | |

Zurdo	Y yo, en el rigor	2895
	de mis penitencias	
	dejé la oración,	
	suspenso, tras ella.	

| Abad | Pues ya sale el Sol, | |
| | vaya, abra las puertas. | 2900 |

	Entre este Hilarión,	
	este Onofre o Pablo.	
Monje	Pues le envía Dios	
	tal será su vida	
	y su perfección.	2905
Abad	Avise a los padres.	
Monje	Todos al rumor	
	celeste han salido	
	a los claustros.	
Zurdo	Voy,	
	Padre, a abrir las puertas.	2910
Abad	Vaya, que es razón	
	que un santo a otro santo	
	reciba.	
Zurdo	Yo soy,	
	Padre, el brazo zurdo	
	de esta religión,	2915
	y siéndolo, es fuerza	
	ser gran pecador.	

(Vase.)

Abad	Grande es la virtud	
	y la perfección	
	de este santo lego.	2920
Monje	Envidioso estoy	
	de su santa vida.	

Abad	Nuestra religión no ha visto en los claustros templanza mayor. 2925
Monje	La porción de un día en él es porción de un mes.
Abad	Sus ayunos me ponen temor.

(Entra fray Zurdo.)

Zurdo	Pienso que las voces 2930 han sido ilusión.
Abad	¿Cómo?
Zurdo	Fue el primero que abriendo llegó el monje que infama nuestra religión, 2935 el que a las doncellas les quita el honor, el inobediente.
Abad	¿Quién?
Zurdo (Aparte.)	(Perdido soy si éste a casa vuelve. 2940 Estas señas son las de fray Teodoro.)

Abad	¿Qué dice?
Zurdo	Que entró y que sus pies llega con poco temor 2945 del Dios, ni del Cielo.
Abad	¿Hay resolución a esta semejante? Padres, yo me voy.

(Entra Teodora.)

Teodora	Padre, a vuestros pies 2950 el pródigo vuelve tan roto, que apenas podréis conocerle. Desde que dejó vuestro sacro albergue 2955 sus ojos han sido dos diluvios siempre. Así las virtudes, mentidos deleites, túnicas del alma 2960 rompen y envejecen. Solo, Padre, os pide la cama en que duermen los perros, que ser pretende su huésped, 2965 como de sus sobras migajas le diesen, que el plato de Dios es omnipotente. Si este nombre de hijo, 2970

129

Padre, os enternece,
aunque ingrato y malo,
hijo es el que viene.
Admitidle en casa
para que os celebre,   2975
perdonando grato,
pues humilde viene.
Y si no por mí,
vuestro nieto es ése
que dejo a las puertas,   2980
que no quise que entre
hasta que yo alcance
perdón y mercedes.
Por aquese ángel,
por ese inocente,   2985
alcancen mis ansias
perdón, si se puede.

Abad   Al hijo, por su inocencia,
admitirle será justo,
pero a un padre tan injusto   2990
será admitirlo indecencia.
Entre el niño, él salga luego
de nuestra limpia clausura
que está con él mal segura,
porque el vicio es como el fuego.   2995

Teodora   Señor, rogadle por mí.

Abad   Salga luego.

Teodora   Padre mío.

Zurdo   ¿Hay tan grande desvarío?

	Ea, váyase de aquí.	
Teodora	¡Qué hipocresía fingida!	3000
	Padre, enternecedle vos	
	ahora, por amor de Dios.	
Monje	Que a este hermano no despida	
	que se enternece infinito.	
Abad	Su humildad me enterneció.	3005
	¿Qué impulso al alma llegó?	
	Ahora, Padre, yo le admito,	
	mas ha de ser en la huerta	
	en una celdilla pobre	
	que está allí.	
Teodora	Eso baste y sobre.	3010
Abad	Y siempre ha de estar abierta	
	y al servicio ha de acudir	
	de un hidalgo, que un criado	
	trajo, mudo y maltratado.	
	El niño, conmigo ha de ir.	3015
Teodora	Hijo de obediencia he sido,	
	yo voy.	
Abad	Vaya y obedezca,	
	y esto al niño lo agradezca	
	que por padrino ha traído.	

(Vanse, y queda Zurdo.)

Zurdo	Perdido soy si éste queda	3020

en el convento este día.
¿No valga la zurdería
para que arrojarle pueda
de él otra vez? Un papel
para Alcina he de notar   3025
y a él se lo he de hacer tomar
engañándole con él.
Saldrá el capón ignorante
de casa de esta manera.
Solo un zurdo dar pudiera   3030
un engaño semejante.

(Vase.)

(Salen Natalio y criados.)

Lipsio   Estos los álamos son,
                    lámina de tu cuidado.
                    Gracias a Dios que has hallado
                    las hermanas de Faetón.   3035
                    Todo el día, poco sabio,
                    nos haces, señor, correr.

Natalio   Pues muy poco es menester
                    para encontrar un agravio.

Lipsio   ¿Por qué verlo solicitas?   3040
                    Contra razón te gobiernas,
                    pues con razones internas
                    a tu mal te precipitas.
                    Si luego te ha de pesar,
                    no lo busques, que el honor   3045
                    no tiene tanto valor
                    cuando se llega a apurar.

	Piensa que mentira fue.	
Natalio	¿Y cómo tendré sosiego?	
Lipsio	¿Y cómo lo tendrás luego que lo hayas visto?	3050
Natalio	No sé; quisiera verlo y no verlo, y no sé cómo excusarlo, que es forzoso imaginarlo y será fuerza creerlo. Mas es imposible ahora dejarlo de ser.	3055
Lipsio	Allí está el monte, y dice así: «santa y justa fue Teodora.»	
Natalio	Plumier a Dios que eso fuera. Mas adúltera dirá.	3060
Lipsio	Lo que he dicho, escrito está; y esto es cosa verdadera.	
Natalio (Lee:)	«Santa y justa fue Teodora.»	
Lipsio	¿No dice así?	
Natalio	Aunque lo veo no lo creo, no lo creo.	3065
Lipsio	Acércate, ¿ves ahora?	

Natalio	Santa y justa fue; sin duda
	que mi vista se engañó.

Lipsio	Ya el desengaño llegó	3070
	a sacarte de esa duda.	
	¿Estás contento?	

Natalio	Otro soy,
	como aquel que halló afligido
	el honor que había perdido.
	Letras, mil gracias os doy. 3075
	¡Ay santa, ay divina esposa,
	quién supiera dónde estás!

(Dice una voz dentro.)

Voz	La luz sigue, y la verás.

Lipsio	Una estrella luminosa	3080
	dice que vayas tras ella	
	con muy luciente arrebol.	

Natalio	Voy, que si Teodora es Sol
	su paje ha de ser estrella.

(Vanse, y salen el Monje, el Abad y fray Zurdo.)

Zurdo	Cerrada la puerta está.

Abad	Abrid sin hacer ruido.	3085

Monje	Pienso que nos ha sentido.

Abad	No importa, ¿qué hace?

Zurdo	Estará	
	como otras veces comiendo.	

Abad	Oíd cubiertos así.	

(Dice dentro Teodora.)

Teodora	Padre soberano, aquí	3090
	mi espíritu os encomiendo.	

Zurdo	Retírense por si sale,	
	que yo aquí me he de esconder,	
	donde le veré comer.	

Abad	¿Hay Sol que a la luz iguale	3095
	como el que la celda encierra?	

Monje	Suspenso y confuso estoy.	

Zurdo	Mis engaños se ven hoy.	

(Toquen música, córrese una cortina y descúbrese a Teodora en una tabla de rodillas, y de lo alto baje una nube con la Virgen y los Ángeles a los lados, y el Sol, que es Cristo, como pareció al principio.)

Abad	Sin duda es cielo la tierra.	

María	Ya el Sol, que te dejó a oscuras	3100
	sale de clemencia lleno.	

Sol	Si riguroso me puse,	
	glorioso al tálamo vuelvo.	
	Sube a mis brazos, amiga.	

María	Que la otra vez, aunque abiertos,	3105
	como venían clavados	
	no pudo darte con ellos	
	tiernos, brazos, como ahora	
	el Sol de justicia eterno.	

| Sol | El Sol y la Luna a honrarte, | 3110 |
| | esposa, salen a un tiempo. | |

Teodora	Pues si los dos juntos salen	
	gloriosa decirles puedo:	
	«Sin ponerse el Sol	
	me salió la Luna	3115
	porque no pudiera	
	ver la noche oscura.»	

| Sol | Sube, sube a recibir | |
| | de tus trabajos el premio. | |

(Tocan música, y va subiendo hasta que viene a estar entre Cristo y María. Ha de bajar algo la apariencia de arriba.)

Teodora	Entre la Luna y el Sol	3120
	pequeña estrella parezco,	
	aunque me ilumino tanto	
	bañada en sus rayos bellos.	
	Hijas de Jerusalén,	
	cantadle en divinos versos	3125
	la gala al esposo mío,	
	ved que en su tálamo duermo.	

| Sol | Abrázame. |

Teodora   En vuestras manos
                    el espíritu encomiendo.

(Muere de rodillas.)

Abad   ¡Ay míseros de nosotros,   3130
                    que hicimos loco desprecio
                    del santo, y del varón justo!

Zurdo   Pobre Zurdo, ¿en qué te has puesto?

Abad   Avergonzado y corrido
                    estoy. A verle lleguemos.   3135

Monje   En el aire está.

Zurdo   Hoy, san Zurdo,
                    se descubre tu embeleco.

(Entran Alcina y Clarindo.)

Clarindo   ¿Qué es lo que intentas, Alcina?

Alcina   Ahora sabrás mi intento.
                    Padre Abad, este papel   3140
                    habitando los desiertos
                    Teodoro conmigo, me hizo
                    después de mil juramentos,
                    y así vengo a que le mande
                    lo cumpla.

Abad   Notable enredo.   3145

Alcina   Suya es la firma.

Zurdo   Es así.

Alcina   ¿Dónde está?

Abad   Mírale muerto
                    entre la Luna y el Sol.

Alcina   ¡Válgame Dios!

Abad   El que vemos
                    es él; no pudo ser malo   3150
                    el que tuvo fin tan bueno.

(Entran Natalio y Lipsio.)

Lipsio   Aquí se escondió la luz,
                    y aquí ha de estar.

Natalio   Ya la veo;
                    ¡Ay casta y santa mujer!
                    Cuando he merecido veros   3155
                    muerta os hallo, ¡ay mi Teodora!

Abad   ¿Qué prodigios son aquestos?
                    ¿Qué es mujer?

Natalio   Y esposa mía.

Abad   Pues, ¿cómo, enemiga, has hecho
                    un desatino tan grande?   3160

Alcina   Amor fue causa de hacerlo,
                    que por tirana venganza

le quise infamar diciendo
que era suyo el niño.

Abad   Oh, mala
mujer.

Monje   Oh, ingrata.

Alcina   Mis yerros   3165
confieso, y digo que fue
padre del niño...

Zurdo   Aquí entro
yo.

Alcina   Un traidor que se llama
Zurdo.

Abad   ¿Zurdo?

Zurdo   Yo confieso
mi maldad, yo, Padre, soy   3170
aquel alevoso izquierdo
y el que infamaba a Teodora.

(Entra Fidelfo.)

Fidelfo   ¿Quién me levanta del lecho
donde mudo y muerto estaba?

Monje   Padre, el mudo caballero   3175
es éste.

Fidelfo   Teodora es ésta.

Dios quiso tener suspensos
mis labios, porque callara
tan inefable misterio.
¡Ay casta, ay santa mujer!   3180
Mientras viviere prometo
hacer penitencia estrecha.

(Mandio saca a Lesbia con las pieles.)

Mandio   Ya el monstruo preso traemos,
                    y es Lesbia, aunque hablar no quiere.

María   Tú, Lesbia, este bien le has hecho   3185
                    a Teodora, pues por ti
                    goza los Empíreos Reinos.

Lesbia   Ahora sí daré voces
                    llorando mis desconciertos
                    porque veo, mujer santa,   3190
                    que estás gozando del Cielo.

(Tocan música y baja Teodora, y cúbrese la apariencia del Sol, y la de María.)

Abad   Hasta entregarla a su esposo
                    con ella asistido habemos.
                    Natalio, a Teodora abraza.

Natalio   Seré en este monasterio   3195
                    mármol de su sepultura.

Fidelfo   Y yo pienso hacer lo mesmo.

Zurdo   Y yo, en mudas soledades
                    de ser zurdo me arrepiento.

Natalio	Desdichado venturoso sois.	3200
Abad	A la Iglesia llevemos el cuerpo.	
Natalio	Dejad que diga pues ya sin alma me veo: «Púsoseme el Sol, salióme la Luna, mía es la desgracia, suya la ventura.»	3205

Fin de la famosa comedia

Libros a la carta

A la carta es un servicio especializado para
empresas,
librerías,
bibliotecas,
editoriales
y centros de enseñanza;
y permite confeccionar libros que, por su formato y concepción, sirven a los propósitos más específicos de estas instituciones.

Las empresas nos encargan ediciones personalizadas para marketing editorial o para regalos institucionales. Y los interesados solicitan, a título personal, ediciones antiguas, o no disponibles en el mercado; y las acompañan con notas y comentarios críticos.

Las ediciones tienen como apoyo un libro de estilo con todo tipo de referencias sobre los criterios de tratamiento tipográfico aplicados a nuestros libros que puede ser consultado en Linkgua-ediciones.com .

Linkgua edita por encargo diferentes versiones de una misma obra con distintos tratamientos ortotipográficos (actualizaciones de carácter divulgativo de un clásico, o versiones estrictamente fieles a la edición original de referencia). Este servicio de ediciones a la carta le permitirá, si usted se dedica a la enseñanza, tener una forma de hacer pública su interpretación de un texto y, sobre una versión digitalizada «base», usted podrá introducir interpretaciones del texto fuente. Es un tópico que los profesores denuncien en clase los desmanes de una edición, o vayan comentando errores de interpretación de un texto y esta es una solución útil a esa necesidad del mundo académico.

Asimismo publicamos de manera sistemática, en un mismo catálogo, tesis doctorales y actas de congresos académicos, que son distribuidas a través de nuestra Web.

El servicio de «libros a la carta» funciona de dos formas.

1. Tenemos un fondo de libros digitalizados que usted puede personalizar en tiradas de al menos cinco ejemplares. Estas personalizaciones pueden ser de todo tipo: añadir notas de clase para uso de un grupo de estudiantes, introducir logos corporativos para uso con fines de marketing empresarial, etc. etc.

2. Buscamos libros descatalogados de otras editoriales y los reeditamos en tiradas cortas a petición de un cliente.